Azubi-Recht

Die wichtigsten Fragen und Antworten

von

Prof. Dr. Friedrich Schade MBA

unter Mitwirkung von

Helen Bratvogel BA

VERLAG WISSEN KOMPAKT

Printed in Germany
ISBN 978-3-943082-01-2

Vorwort

Das Berufsbildungsgesetz, welches das Ausbildungsverhältnis zwischen dem Ausbilder und dem Auszubildenden regelt, ist seit dem Jahr 1969 in Kraft, derzeit in der Fassung des Jahres 2005 mit nachträglichen Ergänzungen und Änderungen.

Nach intensiven Recherchen stellte der Autor dieses Buches fest, dass es außer den Kommentaren zum Berufsbildungsgesetz weder einen aktuellen wissenschaftlichen Leitfaden zu dieser enorm bedeutenden Thematik, noch einen Ratgeber für Auszubildende gibt. Im Kohlhammer Verlag, Stuttgart, wird in Kürze der wissenschaftliche Leitfaden desselben Autors mit dem Titel „Berufsausbildungsrecht" erscheinen.

Der vorliegende Ratgeber soll in aller Kürze durch präzise Fragen und Antworten einen Überblick der Rechte und Pflichten des Ausbilders sowie der Auszubildenden im Rahmen eines Ausbildungsverhältnisses aufzeigen.

Die Leserinnen und Leser dieses Buches möchte ich um Nachsicht bitten, dass einzelne Begriffe überwiegend in der männlichen Form benutzt werden.

Dankbar bin ich allen Leserinnen und Lesern dafür, mir an den Verlag zu meinen Händen gerne inhaltliche Verbesserungsvorschläge, zusätzliche Fragen, Kritik sowie weitere Anregungen zukommen zu lassen, welche diesen Ratgeber weiter verbessern.

Friedrich Schade

Inhalt

8. Unverschuldeter Ausfall der Ausbildung 66

9. Kündigung des Ausbildungsverhältnisses 77

1. Grundlagen des Azubi-Rechts

1.1 Was bedeutet „Azubi-Recht“?

Das Azubi-Recht umfasst das Recht der Berufsausbildung. Die Berufsausbildung ist im Berufsbildungsgesetz geregelt.

Dieses Gesetz gilt in der aktuellen Fassung vom 23. März 2005 mit späteren Änderungen.

Das Azubi-Recht ist deshalb so wichtig, weil sich aktuell ca. 1,6 Millionen Auszubildende in der Berufsausbildung in den verschiedensten Branchen und Unternehmen befinden. Und jedes Jahr beginnen ca. 600.000 junge Menschen eine neue Ausbildung.

Ziel der Berufsausbildung ist es nach § 1 Absatz 2 Berufsbildungsgesetz, durch die Vermittlung von Grundlagen für den Erwerb beruflicher Handlungsfähigkeiten an eine Berufsausbildung in einem anerkannten Ausbildungsberuf heranzuführen. Die Berufsausbildung hat nach § 1 Absatz 3 Berufsbildungsgesetz die für die Ausübung einer qualifizierten beruflichen Tätigkeit in einer sich wandelnden Arbeitswelt notwendigen beruflichen Fertigkeiten, Kenntnisse und Fähigkeiten (berufliche Handlungsfähigkeit) in einem geordneten Ausbildungsgang zu vermitteln. Ferner soll sie den Erwerb der erforderlichen Berufserfahrungen ermöglichen.

i

Das Berufsbildungsgesetz regelt die Berufsausbildung. Ziel der Ausbildung ist es, dem Auszubildenden berufliche Handlungsfähigkeit in einem anerkannten Ausbildungsberuf zu vermitteln.

1.2 Wer ist Ausbilder?

Ausbilder ist typischerweise ein Arbeitgeber, und ein Arbeitgeber ist eine Person, die mindestens einen Arbeitnehmer beschäftigt. Der Arbeitgeber muss geeignet sein, um ausbilden zu dürfen. Nach § 28 Absatz 1 Satz 2 Berufsbildungsgesetz darf ein Ausbilder nur ausbilden, wenn er persönlich und fachlich zur Ausbildung geeignet ist.

Persönliche Eignung

Die persönliche Eignung wird im Berufsbildungsgesetz nicht definiert. Nach § 29 Berufsbildungsgesetz ist persönlich nicht geeignet, wer Kinder und Jugendliche nicht beschäftigen darf oder wiederholt oder schwer gegen dieses Gesetz oder die aufgrund dieses Gesetzes erlassenen Vorschriften und Bestimmungen verstoßen hat, so z. B. im Sinne von § 25 Jugendarbeitsschutzgesetz vorsätzliche Straftaten begangen hat.

Fachliche Eignung

Der Ausbilder muss fachlich geeignet sein. Nach § 30 Absatz 1 Berufsbildungsgesetz ist fachlich geeignet, wer die beruflichen sowie die berufs- und arbeitspädagogischen Fertigkeiten, Kenntnisse und Fähigkeiten besitzt, die für die Vermittlung der Ausbildungsinhalte erforderlich sind.

1.3 Wer ist Auszubildender?

Eine Definition für Auszubildende gibt es im Berufsbildungsgesetz nicht. Auszubildender ist, wer mit einem Ausbilder einen Ausbildungsvertrag geschlossen hat. Er möchte in einem Zeitraum von mindestens zwei Jahren im Rahmen eines detaillierten Ausbildungsplans in einer geeigneten Ausbildungsstätte die beruflichen Fertigkeiten, Kenntnisse, Fähigkeiten und beruflichen Erfahrungen erwerben, um ein in der Branche anerkanntes Ausbildungsziel zu erreichen. Dafür ist ein privatrechtlicher Vertrag zwischen dem Auszubildenden und einem Ausbilder notwendig.

Beim Auszubildenden handelt es sich um eine natürliche Person, die jede Staatsangehörigkeit haben kann. Sie muss zum Aufenthalt in Deutschland berechtigt sein.

i

Der Auszubildende schließt mit dem Ausbilder einen Ausbildungsvertrag. Er möchte berufliche Handlungsfähigkeiten erwerben, die es ihm ermöglichen, ein in der Branche anerkanntes Ausbildungsziel zu erreichen.

1.4 Wo und in welchem Umfang ist die Berufsausbildung geregelt?

Die Berufsausbildung ist im Berufsbildungsgesetz in der Fassung des Jahres 2005 geregelt. Das Berufsbildungsgesetz unterteilt die Berufsausbildung in folgende Themenbereiche:

- Ordnung der Berufsausbildung (§§ 4 – 9 Berufsbildungsgesetz)
- Berufsausbildungsverhältnis = Ausbildungsvertrag (§§ 10 – 26 Berufsbildungsgesetz)
- Eignung von Ausbildungsstätte und Ausbildungspersonal (§§ 27 – 33 Berufsbildungsgesetz)
- Verzeichnis der Berufsausbildungsverhältnisse (§§ 34 – 36 Berufsbildungsgesetz)
- Prüfungswesen (§§ 37 – 50 Berufsbildungsgesetz)
- Interessenvertretung (§§ 51, 52 Berufsbildungsgesetz)

1.5 Warum existiert ein Verzeichnis über Ausbildungsberufe?

Industrie- und Handelskammern, Handwerkskammern, Landwirtschaftskammern oder z.B. die Rechtsanwaltskammern haben für anerkannte Ausbildungsberufe ein Verzeichnis der Berufsausbildungsverhältnisse nach § 34 Berufsbildungsgesetz einzurichten und zu führen. Die Eintragung umfasst für jeden Ausbildungsvertrag:

- Name, Vorname, Geburtsdatum, Anschrift des Auszubildenden
- Geschlecht, Staatsangehörigkeit, allgemeinbildender Schulabschluss, berufliche Vorbildung
- erforderlichenfalls Name, Vorname und Anschrift der gesetzlichen Vertreter
- Ausbildungsberuf einschließlich Fachrichtung
- Datum des Abschlusses des Ausbildungsvertrags, Ausbildungsdauer, Dauer der Probezeit
- Datum des Beginns der Berufsausbildung
- Art der eventuellen Förderung bei überwiegend öffentlich geförderten Berufsausbildungsverhältnissen
- Name und Anschrift der Ausbildenden, Anschrift der Ausbildungsstätte, Wirtschaftszweig, Zugehörigkeit zum öffentlichen Dienst
- Name, Vorname, Geschlecht und Art der fachlichen Eignung der Ausbilder und Ausbilderinnen

1.6 Ist die Anerkennung von Ausbildungsberufen wichtig?

§ 4 Berufsbildungsgesetz bildet die Grundlage für die Anerkennung von Ausbildungsberufen.

Demzufolge kann das Bundesministerium für Wirtschaft und Technologie oder ein sonstiges zuständiges Fachministerium im Einvernehmen mit dem Bundesministerium für Bildung und Forschung Ausbildungsberufe staatlich anerkennen und hierfür Ausbildungsordnungen erlassen. Dieser Erlass erfolgt durch eine Rechtsverordnung, die nicht der Zustimmung des Bundesrates bedarf. Er bildet die Grundlage für eine geordnete und einheitliche Berufsausbildung.

Für einen anerkannten Ausbildungsberuf darf nur nach der Ausbildungsordnung ausgebildet werden. In anderen als anerkannten Ausbildungsberufen dürfen Jugendliche unter 18 Jahren nicht ausgebildet werden, soweit die Berufsausbildung nicht auf den Besuch weiterführender Bildungsgänge vorbereitet.

In staatlich anerkannten Ausbildungsberufen bildet die vom Staat erlassene Ausbildungsverordnung die Grundlage des Ausbildungsverhältnisses. Die Ausbildung hat gemäß dieser Ausbildungsverordnung zu erfolgen.

1.7 Was ist in der Ausbildungsordnung geregelt?

Nach § 5 Absatz 1 Berufsbildungsgesetz hat die Ausbildungsordnung festzulegen:

- die Bezeichnung des Ausbildungsberufes, der anerkannt wird
- die Ausbildungsdauer; sie soll nicht mehr als 3 und nicht weniger als 2 Jahre betragen
- die beruflichen Fertigkeiten, Kenntnisse und Fähigkeiten, die mindestens Gegenstand der Berufsausbildung sind (Ausbildungsberufsbild)
- eine Anleitung zur sachlichen und zeitlichen Gliederung der Vermittlung der beruflichen Fertigkeiten, Kenntnisse und Fähigkeiten (Ausbildungsrahmenplan)
- die Prüfungsanforderungen

Nach § 5 Absatz 2 Berufsbildungsgesetz kann die Ausbildungsordnung unter anderem vorsehen, dass die Berufsausbildung in sachlich und zeitlich besonders gegliederten, aufeinander aufbauenden Stufen erfolgt.

Nach den einzelnen Stufen soll ein Ausbildungsabschluss vorgesehen werden, der sowohl zu einer qualifizierten beruflichen Tätigkeit befähigt, als auch die Fortsetzung der Berufsausbildung in weiteren Stufen ermöglicht.

1.8 Kann eine berufliche Vorbildung auf die Ausbildungszeit angerechnet werden?

Nach § 5 Absatz 2 Nr. 4 Berufsbildungsgesetz kann eine andere, auf die durch die Ausbildungsordnung geregelte Berufsausbildung unter Berücksichtigung der hierbei erworbenen beruflichen Fertigkeiten, Kenntnisse und Fähigkeiten angerechnet werden.

Außerdem kann nach § 7 Absatz 1 Berufsbildungsgesetz der Besuch eines Bildungsganges berufsbildender Schulen oder die Berufsausbildung in einer sonstigen Einrichtung ganz oder teilweise auf die Ausbildungszeit angerechnet werden, wenn das Landesrecht dies so bestimmt. Die Anrechnung bedarf des gemeinsamen Antrags der Auszubildenden und Ausbildenden. Dieser Antrag ist z. B. an die Industrie- und Handelskammer oder an sonstige Kammern zu richten.

i Auf einen gemeinsamen Antrag von Ausbilder und Auszubildenden kann beispielsweise die Industrie- und Handelskammer ihre Zustimmung erteilen, dass Inhalte aus einer vorherigen Ausbildung auf die aktuelle Ausbildung angerechnet werden.

1.9 Kann die Ausbildungszeit verkürzt werden?

Nach § 8 Absatz 1 Berufsbildungsgesetz kann auf gemeinsamen Antrag des Auszubildenden und Ausbilders die zuständige Stelle, z. B. die Industrie- und Handelskammer, die Ausbildungszeit verkürzen, wenn zu erwarten ist, dass das Ausbildungsziel in der gekürzten Zeit erreicht wird. § 71 Berufsbildungsgesetz regelt detailliert, welche zuständige Stelle, d. h. welche Kammer für die Verkürzung der Ausbildungszeit zuständig ist.

Beide Vertragsparteien, Auszubildender und Ausbilder, müssen sich einig sein, dass auch eine Verkürzung der Ausbildungszeit dazu führt, dass der Auszubildende die notwendigen beruflichen Fertigkeiten, Kenntnisse, Fähigkeiten und beruflichen Erfahrungen in der verkürzten Ausbildungszeit erhält, um im späteren Berufsleben erfolgreich zu sein.

i

Sind sich Auszubildender und Ausbilder darüber einig, dass der Auszubildende auch nach verkürzter Ausbildungszeit sein Ausbildungsziel erreichen wird, kann beispielsweise bei der Industrie- und Handelskammer ein Antrag auf Verkürzung der Ausbildungszeit gestellt werden.

1.10 Kann die Ausbildungszeit auch verlängert werden?

Nach § 8 Absatz 2 Berufsbildungsgesetz kann in Ausnahmefällen auf Antrag des Auszubildenden die Ausbildungszeit verlängert werden, wenn die Verlängerung erforderlich ist, um das Ausbildungsziel zu erreichen. Der Ausbilder muss sich dazu äußern, wie es zu diesem Sachverhalt gekommen ist.

Es muss ein bedeutender Grund vorhanden sein, damit auf Antrag des Auszubildenden die Ausbildungszeit verlängert wird.

Als bedeutende Gründe gelten beispielsweise:

- längere Krankheit während der Ausbildungszeit
- längerer Ausfall der Ausbildungszeit aufgrund einer betrieblichen Störung

Kein Argument kann sein, dass der Auszubildende kurz vor Beginn der Abschlussprüfung die beruflichen Fertigkeiten und Fähigkeiten zum erfolgreichen Prüfungs- und Ausbildungsabschluss nicht erreicht hat.

Nur der Auszubildende kann eine Verlängerung der Ausbildungszeit beantragen. Für die Verlängerung muss er stichhaltige Gründe anführen.

2. Rechtsquellen des Azubi-Rechts

2.1 Welche Rechtsnormen des deutschen Rechts gelten für die Berufsausbildung im Betrieb?

Wichtigstes Gesetz ist das Berufsbildungsgesetz in der Fassung vom 23. März 2005 mit weiteren Änderungen in den letzten Jahren. Das Berufsbildungsgesetz ist ein eigenes Gesetz für die Berufsausbildungsvorbereitung, die Berufsausbildung, die berufliche Fortbildung und die berufliche Umschulung.

Für das Azubi-Recht sind im Berufsbildungsgesetz folgende Themen wichtig:

- Ordnung der Berufsausbildung und Anerkennung von Ausbildungsberufen
- Berufsausbildungsverhältnis mit detaillierten Regelungen zum Berufsausbildungsvertrag
- Eignung von Ausbildungsstätte und Ausbildungspersonal
- Verzeichnis der Berufsausbildungsverhältnisse
- Prüfungswesen
- Interessenvertretung der Auszubildenden

2.2 Hat das Arbeitsrecht Einfluss auf das Ausbildungsverhältnis?

In § 10 Berufsbildungsgesetz ist der Berufsausbildungsvertrag zwischen dem Auszubildenden und dem Ausbilder geregelt. Aus § 10 Absatz 2 Berufsbildungsgesetz ergibt sich, dass auf den Berufsausbildungsvertrag zwischen Azubi und Ausbilder, soweit sich aus seinem Wesen und Zweck und aus diesem Gesetz nichts anderes ergibt, die für den Arbeitsvertrag geltenden Rechtsvorschriften und Rechtsgrundsätze anzuwenden sind. Deshalb hat das Arbeitsrecht, insbesondere die zum Arbeitsrecht gehörenden Arbeitsgesetze, großen Einfluss auf das Ausbildungsverhältnis.

Wichtige Gesetze des Arbeitsrechts, die z.B. großen Einfluss auf das Ausbildungsverhältnis haben, sind:

- Allgemeines Gleichbehandlungsgesetz
- Arbeitsgerichtsgesetz
- Arbeitszeitgesetz
- Betriebsverfassungsgesetz
- Bundesurlaubsgesetz
- Entgeltfortzahlungsgesetz
- Jugendarbeitsschutzgesetz
- Kündigungsschutzgesetz
- Mutterschutzgesetz
- Sozialgesetzbücher

2.3 Beeinflusst auch Europäisches Recht das Azubi-Recht?

Über § 10 Absatz 2 Berufsbildungsgesetz gelten die arbeitsrechtlichen Rechtsvorschriften und Rechtsgrundsätze auch für ein Ausbildungsverhältnis. Auf das deutsche Arbeitsrecht hat supranationales, d.h. zwischenstaatliches Recht große Auswirkungen.

Zu erwähnen sind zum einen auf völkerrechtlicher Ebene die Europäische Menschenrechtskonvention von 1950, welche nach Artikel 11, Absatz 1 der Konvention allen Menschen das Recht garantiert, sich friedlich frei zu versammeln und sich frei mit anderen zusammenzuschließen sowie den rechtlichen Schutz gewährt, Gewerkschaften zu bilden und ihnen beizutreten. Auch die Europäische Sozialcharta von 1961, die u.a. die Koalitionsfreiheit für Arbeitnehmer und Arbeitgeber regelt, hat, sofern anwendbar, Auswirkungen auf das Deutsche Arbeitsrecht und somit auch auf Ausbildungsverhältnisse.

Das EU-Recht hat immer größeren Einfluss auf das deutsche Recht. So gilt z.B. nach Artikel 151 des Vertrags über die Arbeitsweise der Europäischen Union, dass die Politik der Europäischen Gemeinschaft dahin auszurichten ist, die Beschäftigung in der EU zu fördern, ein dauerhaft hohes Beschäftigungsniveau sicher zu stellen und Ausgrenzungen zu bekämpfen. Eine der wichtigsten arbeitsrechtlichen Richtlinien der EU wurde im Jahr 2006 vom deutschen Gesetzgeber in das Allgemeine Gleichbehandlungsgesetz transformiert. Dieses Gesetz hat hohen Schutzcharakter für alle Arbeitnehmerinnen und Arbeitnehmer, somit auch für alle Auszubildenden.

3. Entstehung eines Ausbildungsverhältnisses

3.1 Welche Auswirkungen hat die Personaleinstellungsplanung eines Unternehmens für Auszubildende?

In der heutigen Zeit ist für jedes Unternehmen die Personaleinstellungsplanung unverzichtbar. Das gilt in Unternehmen, die ausbilden, insbesondere auch für die Einsatzplanung von Auszubildenden. Denn Auszubildende sind in den Betriebsablauf einzugliedern.

Da Auszubildende neben ihrer Ausbildung auch zu einem bestimmten Grad im Unternehmen arbeiten, hat das Unternehmen, wenn ein Betriebsrat besteht, diesen nach § 92 Absatz 1 Betriebsverfassungsgesetz über den gegenwärtigen und zukünftigen Einsatz von Auszubildenden im Rahmen der Berufsausbildung zu unterrichten. Außerdem hat der Betriebsrat nach § 95 Absatz 2 Betriebsverfassungsgesetz bei mehr als 500 Arbeitnehmern das Recht, die Aufstellung von Richtlinien über die personelle Auswahl zu verlangen, z. B. bei Einstellung von Auszubildenden.

Benutzt der Ausbilder aus rationalen Gründen einen Personalfragebogen für das Einstellungsverfahren von Auszubildenden, so bedarf er dazu der Zustimmung des Betriebsrats.

3.2 Welche Rechtsgrundlage besteht schon beim Bewerbungsverfahren?

Das Bewerbungsverfahren setzt sich aus folgenden Schritten zusammen:

1. Stellenausschreibung des Ausbildungsplatzes
2. Bewerbung des potentiellen Auszubildenden
3. Bewerbungsgespräch

Sobald der potentielle Auszubildende seine Bewerbungsunterlagen an den gewünschten Arbeitgeber = Ausbilder versandt hat, handelt es sich rechtlich gesehen um die Anbahnung eines Ausbildungsvertrags. Rechtsgrundlage dafür bildet § 311 Absatz 2 Nummer 2 Bürgerliches Gesetzbuch. Danach entsteht ein Schuldverhältnis mit den Pflichten, jeden Vertragsteil zur Rücksicht auf die Rechte, Rechtsgüter und Interessen des anderen Teils zu verpflichten, auch schon durch die Anbahnung eines Vertrags.

Hat der Bewerber für einen zukünftigen Ausbildungsplatz seine Zeugnisse und weitere persönliche Informationen an den potentiellen Ausbilder versandt, muss der Bewerber gegenüber dem Ausbilder schutzwürdig sein. Denn der potentielle Auszubildende stellt dem möglichen Ausbilder Informationen zur Verfügung, die nicht für die Öffentlichkeit bestimmt sind. Schon alleine aus Datenschutzgründen sind die Informationen des Bewerbers streng vertraulich zu halten.

Bei einer Verletzung dieser Vertraulichkeit kann der Bewerber unter Umständen Schadensersatz gegenüber dem Ausbilder nach § 280 Absatz 1 Bürgerliches Gesetzbuch geltend machen.

3.3 Was muss der Ausbilder bei der Stellenausschreibung für ein Berufsausbildungsverhältnis beachten?

Bei der Stellenausschreibung für einen Azubi-Platz, ob in Printmedien, durch Aushänge oder online, handelt es sich um die Einladung an potentielle Bewerber, ein Angebot zur Aufnahme eines Ausbildungsverhältnisses abzugeben. Höchste Priorität hat für den Ausbilder die Beachtung des Allgemeinen Gleichbehandlungsgesetzes. Denn Ziel des Allgemeinen Gleichbehandlungsgesetzes ist es nach § 1, Benachteiligungen aus Gründen der Rasse oder wegen der ethnischen Herkunft, des Geschlechts, der Religion, der Weltanschauung, einer Behinderung, des Alters oder sexuellen Identität bei Beschäftigten = Auszubildenden zu verhindern oder zu beseitigen. Nach § 11 Allgemeines Gleichbehandlungsgesetz darf auch ein Arbeitsplatz, hier Ausbildungsplatz, nicht unter Verstoß gegen dieses Benachteiligungsverbot ausgeschrieben werden.

Nach §§ 8-10 Allgemeines Gleichbehandlungsgesetz sind eventuelle unterschiedliche Behandlungen von Bewerberinnen und Bewerbern denkbar.

> **i** Der Ausbilder muss die Stellenausschreibung für einen Azubiplatz stets gemäß den Regelungen des Allgemeinen Gleichbehandlungsgesetzes verfassen.

3.4 Welche Rechte entstehen für den potentiellen Auszubildenden, wenn er zum Bewerbungsgespräche eingeladen wird?

Wird der Bewerber vom möglichen Ausbilder zu einem Vorstellungsgespräch eingeladen, dann hat der potentielle Auszubildende nach Abschluss des Bewerbungsverfahrens einen Anspruch auf Ersatz seiner Vorstellungskosten nach §§ 662, 670 BGB in analoger Anwendung. Darunter fallen die Kosten für die Anreise in Höhe der Kosten einer Bahnfahrt 2. Klasse sowie angemessene Verpflegungskosten, wenn eine Tagesreise für die Durchführung des Bewerbungsgesprächs erforderlich ist.

Lädt der Ausbilder einen potentiellen Auszubildenden aus dem Ausland ein, hat der Ausbilder auch Kosten für ein eventuelles Einzelzimmer bei einer notwendigen Übernachtung in Höhe von ca. 60,- € zu übernehmen.

Der Ausbilder hat allerdings das Recht, den Bewerber vorab darauf hinzuweisen, dass er keinerlei Kosten übernimmt, die mit dem Bewerbungsgespräch in Verbindung stehen. Dann liegt es am Bewerber zu überlegen, ob er das Bewerbungsgespräch führen will und ob dieses Bewerbungsgespräch Aussicht auf Erfolg hat. So trägt er zwar die Kosten, nimmt aber auch die Möglichkeit wahr, den für ihn interessanten Ausbildungsplatz zu erhalten.

3.5 Welche Informationsrechte haben Ausbilder und Auszubildender beim Bewerbungsgespräch?

Arbeitgeber = Ausbilder

Der Ausbilder benötigt über den zukünftigen Auszubildenden ausführliche Informationen über dessen bisherige Ausbildung, eventuell über Weiterbildung oder sonstige berufliche Tätigkeiten. Auch über die Person des zukünftigen Auszubildenden will der Ausbilder Informationen erhalten.

Im Arbeitsrecht hat das Bundesarbeitsgericht das Fragerecht des Arbeitgebers im Bewerbungsgespräch anerkannt. Typischerweise zulässig sind Fragen zur fachlichen Qualifikation, zur bisherigen Ausbildung oder zu sonstigen absolvierten Prüfungen. Unzulässige Fragen braucht der Auszubildende nicht zu beantworten, so z.B. zum Privatleben, etwa welche Musik er gerne hört, welche Sportarten er ausübt oder ob er in einer Partnerschaft lebt oder nicht. Bei derart unzulässigen Fragen darf ein Bewerber im Bewerbungsgespräch sogar lügen.

Auszubildender

Auch dem Auszubildenden stehen Informationsrechte gegenüber dem zukünftigen Ausbilder zu. Wichtigstes Informationsrecht des Auszubildenden ist es zu erfahren, ob der Ausbilder persönlich und fachlich geeignet ist, die Ausbildung durchzuführen. Der Auszubildende möchte wissen, ob er durch die Ausbildung die notwendigen beruflichen Fertigkeiten, Kenntnisse, Fähigkeiten und beruflichen Erfahrungen erhält, um einerseits erfolgreich die Abschlussprüfung zu bestehen, und andererseits angemessen auf das Berufsleben vorbereitet zu werden.

3.6 Bestehen Einstellungshindernisse für Auszubildende?

Ein Einstellungshindernis für Auszubildende besteht dann, wenn die Einstellung gegen ein Gesetz nach § 134 Bürgerliches Gesetzbuch verstößt. Denn ein Rechtsgeschäft, hier der Ausbildungsvertrag, das gegen ein gesetzliches Verbot verstößt, ist grundsätzlich nichtig.

Ein typisches gesetzliches Verbot besteht, wenn Kinder als Auszubildende eingestellt werden. Denn nach § 5 Jugendarbeitsschutzgesetz ist die Beschäftigung von Kindern verboten. Kind im Sinne des Jugendarbeitsschutzgesetzes ist, wer noch nicht 15 Jahre alt ist.

Ein weiteres gesetzliches Verbot, welches zu einem Einstellungshindernis führt, ist das Beschäftigungsverbot für werdende Mütter nach §§ 3, 4 Mutterschutzgesetz. So dürfen z. B. potentielle weibliche Auszubildende, welche schwanger sind, die Ausbildung nicht beginnen, soweit nach ärztlichem Zeugnis Leben oder Gesundheit vom Mutter oder Kind bei Beginn der Ausbildung gefährdet ist. Dasselbe gilt, wenn werdende Mütter mit schweren körperlichen Arbeiten oder mit Arbeiten beschäftigt werden, bei denen sie schädlichen Einwirkungen von gesundheitsgefährdenden Stoffen oder Strahlen, von Staub, Gasen oder Dämpfen, von Hitze, Kälte oder Nässe, von Erschütterungen oder Lärm ausgesetzt sind.

i Der Abschluss eines Ausbildungsvertrags gilt als Rechtsgeschäft. Verstößt dieses Rechtsgeschäft gegen ein Gesetz, ist es, wie aus § 134 Bürgerliches Gesetzbuch hervorgeht, grundsätzlich nichtig.

4. Abschluss des Berufsausbildungsvertrags

4.1 Welche Voraussetzungen müssen beim Abschluss des Ausbildungsvertrags erfüllt sein?

Der Arbeitgeber als Ausbilder und der Auszubildende müssen nach § 10 Absatz 1 Berufsbildungsgesetz einen rechtswirksamen Berufs-ausbildungsvertrag geschlossen haben.

Dieser kommt durch ein Angebot und eine Annahme der Vertragsparteien zustande.

Die Stellungausschreibung des Ausbilders, ob durch eine Anzeige, online oder als Aushang in Schulen, stellt juristisch gesehen eine Einladung dar, dass potentielle Bewerberinnen und Bewerber ihre Bewerbungsunterlagen an den Ausbilder einreichen. Lässt der potentielle Auszubildende dem Arbeitgeber seine Bewerbungsunterlagen zukommen, handelt es sich hierbei, rechtlich gesehen, um ein Angebot. Bestätigt der Ausbilder nach Bewerbungsgesprächen einem oder mehreren Bewerbern den gewünschten Ausbildungsplatz, spricht man juristisch von der Annahme des Angebots. Wichtig ist, dass der Berufsausbildungsvertrag zum einen nicht gegen ein gesetzliches Verbot verstößt, zum anderen z.B. mangels Geschäftsfähigkeit des Auszubildenden nicht von Anfang an nichtig ist.

4.2 Kann ein Minderjähriger einen Ausbildungsvertrag abschließen?

Auch Minderjährige können, z.B. nach erfolgreichem Abschluss der Real- oder Hauptschule, einen Berufsausbildungsvertrag abschließen. Der Berufsausbildungsvertrag kommt grundsätzlich zwischen dem Ausbilder und dem Auszubildenden zustande. Zu beachten ist allerdings, dass der Minderjährige nach § 106 Bürgerliches Gesetzbuch beschränkt geschäftsfähig ist. Der zukünftige Auszubildende benötigt entweder vor Abschluss des Vertrags nach § 107 Bürgerliches Gesetzbuch die Einwilligung seines gesetzlichen Vertreters, üblicherweise seiner Eltern oder eines Vormunds. Nach Vertragsschluss ohne Einwilligung hängt die Wirksamkeit des Vertrags nach § 108 Absatz 1 Bürgerliches Gesetzbuch von der Genehmigung der Eltern bzw. des Vormunds ab, wenn der Minderjährige den Vertrag selbst geschlossen hat.

Vor Beginn der Ausbildung ist es nach § 32 Absatz 1 Jugendarbeitsschutzgesetz erforderlich, dass ein Jugendlicher = Minderjähriger, der in das Berufsleben eintritt, nur beschäftigt werden darf, wenn er innerhalb der letzten 14 Monate von einem Arzt untersucht worden ist (Erstuntersuchung) und dem Arbeitgeber = Ausbilder eine von diesem Arzt ausgestellte Bescheinigung vorliegt.

i

Minderjährige dürfen nur ein Ausbildungsverhältnis eingehen, wenn die Einwilligung des gesetzlichen Vertreters, typischerweise der Eltern, vorliegt. Außerdem muss ein höchstens vor 14 Monaten ausgestelltes ärztliches Attest bescheinigen, dass der potentielle Auszubildende physisch und psychisch dazu in der Lage ist, die Ausbildung zu absolvieren.

4.3 Welche rechtlichen Mängel können bei Vertragsschluss existieren?

Verstößt der Berufsausbildungsvertrag z. B. gegen ein gesetzliches Verbot, etwa gegen § 5 Absatz 1 Jugendarbeitsschutzgesetz, nach dem die Beschäftigung von Kindern verboten ist, liegt bereits bei Abschluss des Berufsausbildungsvertrags ein Mangel vor.

Ein weiterer Mangel bei Vertragsabschluss kann vorliegen, wenn der Auszubildende unter Tarif bezahlt wird, d. h. weniger verdient, als Gewerkschaft und Arbeitgeberverband im Tarifvertrag für Auszubildende vereinbart haben. Dabei handelt es sich nach § 138 Absatz 2 Bürgerliches Gesetzbuch um den Tatbestand des Lohnwuchers, welcher sittenwidrig ist.

Nach § 12 Berufsbildungsgesetz liegt außerdem von Beginn des Ausbildungsverhältnisses ein Mangel vor bei:

- Beschränkung der Ausübung der beruflichen Tätigkeit nach Beendigung des Berufsausbildungsverhältnisses
- Vereinbarung einer Entschädigungszahlung für die Berufsausbildung vom Auszubildenden
- Vereinbarung von Vertragsstrafen für den Auszubildenden.

4.4 Welche Hauptpflichten hat der Auszubildende während der Ausbildung?

Nach § 13 Berufsbildungsgesetz hat sich der Auszubildende zu bemühen, die berufliche Handlungsfähigkeit zu erwerben, die zum Erreichen des Ausbildungsziels erforderlich ist. Dazu gehört auch, dass er die im Rahmen ihrer Berufsausbildung aufgetragenen Aufgaben sorgfältig auszuführen hat.

Außerdem ist es seine Pflicht, an internen und externen Ausbildungsmaßnahmen teilzunehmen haben, z.B. an internen Seminaren, am Berufsschulunterricht sowie an Ausbildungsmaßnahmen außerhalb der Ausbildungsstätte. Des Weiteren hat der Auszubildende den Weisungen zu folgen, die ihm im Rahmen der Berufsausbildung von seinem Arbeitgeber = Ausbildenden oder anderen weisungsberechtigten Personen erteilt werden.

Leistungen des Auszubildenden

Die wichtigste Leistung des Auszubildenden ist seine Lernpflicht. Das bedeutet, dass er an jedem Werktag, an dem er nicht wegen Urlaub oder unverschuldeter Krankheit fehlt, seine Lernpflicht erfüllt d.h. am Ort seiner Ausbildungsstätte seine Ausbildung absolviert. Er hat die ihm aufgetragenen Aufgaben gegenüber dem Ausbilder sorgfältig auszuführen oder an internen oder externen Ausbildungsmaßnahmen, z.B. am Berufsschulunterricht teilzunehmen. Die Leistungen des Auszubildenden bestehen eben darin, sich die beruflichen Fertigkeiten, Kenntnisse, Fähigkeiten und beruflichen Erfahrungen anzueignen.

4.5 In welcher Form muss der Berufsausbildungsvertrag abgeschlossen werden?

Wie beim Arbeitsvertrag ist auch beim Berufsausbildungsvertrag keine Form vorgeschrieben. Der Berufsausbildungsvertrag kann somit nicht nur schriftlich sondern auch mündlich oder konkludent, d.h. durch schlüssiges Verhalten abgeschlossen werden.

Nach § 11 Absatz Berufsbildungsgesetz haben Ausbildende unverzüglich nach Abschluss des Berufsausbildungsvertrags, spätestens vor Beginn der Berufsausbildung, den wesentlichen Inhalt des Vertrags schriftlich niederzulegen. Die elektronische Form ist ausgeschlossen.

Überreicht der Ausbilder dem Auszubildenden nicht spätestens vor Beginn der Berufsausbildung die erforderliche Niederschrift des Berufsausbildungsvertrags, bleibt der Berufsausbildungsvertrag zwischen Ausbilder und Auszubildendem zwar weiterhin gültig. Der Ausbilder begeht dann aber eine Ordnungswidrigkeit nach § 102 Absatz 1 Nr. 1 Berufsbildungsgesetz, die mit einer Geldbuße geahndet wird.

4.6 Welchen Inhalt hat der Berufsausbildungsvertrag?

Im Sinne von § 11 Absatz 1 Satz 2 Berufsbildungsgesetz soll der Berufsausbildungsvertrag folgenden Inhalt aufweisen:

- Art, sachliche und zeitliche Gliederung sowie Ziel der Berufsausbildung, insbesondere die Berufstätigkeit für die ausgebildet werden soll
- Beginn und Dauer der Berufsausbildung
- Ausbildungsmaßnahmen außerhalb der Ausbildungsstätte
- Dauer der regelmäßigen täglichen Ausbildungszeit
- Dauer der Probezeit
- Zahlung und Höhe der Vergütung
- Dauer des Urlaubs
- Voraussetzungen, unter denen der Berufsausbildungsvertrag gekündigt werden kann
- Hinweise auf die Tarifverträge bzw. Betriebs- oder Dienstvereinbarungen, die auf das Berufsausbildungsverhältnis anzuwenden sind.

4.7 Wo hat der Auszubildende seine Ausbildung zu absolvieren?

Nach § 27 Berufsbildungsgesetz dürfen Auszubildende nur in einer Ausbildungsstätte ausgebildet werden, wenn diese nach Art und Einrichtung für die Berufsausbildung geeignet ist und die Zahl der Auszubildenden in angemessenem Verhältnis zur Zahl der Ausbildungsplätze oder zur Zahl der beschäftigten Fachkräfte steht. Eine Ausbildungsstätte, in der die erforderlichen beruflichen Fertigkeiten, Kenntnisse und Fähigkeiten sowie beruflichen Erfahrungen nicht in vollem Umfang vermittelt werden können, gilt nach § 27 Absatz 2 Berufsbildungsgesetz als geeignet, wenn die beruflichen Fertigkeiten, Kenntnisse und Erfahrungen durch Ausbildungsmaßnahmen außerhalb der Ausbildungsstätte vermittelt werden.

Spezielle Regelungen in den Berufen der Landwirtschaft einschließlich der ländlichen Hauswirtschaft sowie in weiteren Berufen der Hauswirtschaft sind in § 27 Absätze 3 und 4 Berufsbildungsgesetz geregelt.

4.8 Wie lang ist die regelmäßige tägliche Ausbildungszeit?

Die Dauer der regelmäßigen täglichen Ausbildungszeit ist üblicherweise in der Niederschrift des Berufsausbildungsvertrags festgeschrieben. Je nach Branche kann die Ausbildungszeit pro Tag bzw. pro Woche unterschiedlich lang sein.

Nach § 10 Absatz 2 Berufsbildungsgesetz sind auf den Berufsausbildungsvertrag auch die für den Arbeitsvertrag geltenden Rechtsvorschriften und Rechtsgrundsätze anzuwenden. Das bedeutet, dass das Arbeitszeitgesetz auch auf die Berufsausbildung Anwendung findet. Denn nach § 2 Absatz 2 Arbeitszeitgesetz sind Arbeitnehmer im Sinne des Arbeitszeitgesetzes Arbeiter und Angestellte sowie die zu ihrer Berufsbildung Beschäftigten, also auch die Auszubildenden. Nach § 3 Satz 1 Arbeitszeitgesetz darf die werktägliche Arbeitszeit der Arbeitnehmer, also auch der Auszubildenden, 8 Stunden nicht überschreiten. Abweichende Regelungen können nach § 7 Arbeitszeitgesetz z.B. in einem Tarifvertrag zugelassen werden.

i Die tägliche oder wöchentliche Ausbildungszeit kann je nach Branche variieren, jedoch darf nach § 3 Satz 1 Arbeitszeitgesetz die werktägliche Arbeitszeit des Auszubildenden nicht mehr als 8 Stunden betragen.

4.9 Wie lange dauert die Probezeit?

Üblicherweise beginnt das Berufsausbildungsverhältnis mit einer Probezeit. Nach § 20 Satz 2 Berufsbildungsgesetz muss die Probezeit mindestens einen Monat und darf höchstens 4 Monate betragen. Sollte eine Vereinbarung mit dem Auszubildenden, die zu Ungunsten des Auszubildenden von den Rechtsvorschriften, die das Ausbildungsverhältnis berühren, abweichen, ist diese nach § 25 Berufsbildungsgesetz nichtig. Deshalb kann die Probezeit grundsätzlich weder kürzer als einen Monat noch länger als 4 Monate sein. Das gilt auch dann, wenn die Probezeit, z.B. durch die Krankheit des Auszubildenden, unterbrochen wird. Es erfolgt dann keine automatische Verlängerung der Probezeit. Auch ein Inhaberwechsel des Ausbildungsbetriebs hat auf die Dauer der Probezeit keine Auswirkungen.

i

Die Probezeit darf bei Auszubildenden maximal 4 Monate betragen. Alle Regelungen, die eine längere Probezeit vorschreiben, sind nach § 25 Berufsbildungsgesetz nichtig.

4.10 Gilt die Arbeitsruhe an Sonn- und Feiertagen auch für Auszubildende?

Das Arbeitszeitgesetz, welches auch für Auszubildende gilt, regelt auch die Sonn- und Feiertagsruhe. Nach § 9 Absatz 1 Arbeitszeitgesetz dürfen Arbeitnehmer, also auch Auszubildende, an Sonn- und gesetzlichen Feiertagen grundsätzlich nicht beschäftigt werden. Ausnahmen von der Sonn- und Feiertagsruhe ergeben sich aus § 10 Arbeitszeitgesetz. Danach ist z.B. eine Sonn- und Feiertagsbeschäftigung zulässig:

- in Not- und Rettungsdiensten sowie bei der Feuerwehr
- in Krankenhäusern und anderen Einrichtungen zur Behandlung, Pflege und Betreuung von Personen
- in Gaststätten und anderen Einrichtungen zur Bewirtung und Beherbergung sowie im Haushalt
- beim Sport und in Freizeit-, Erholungs- und Vergnügungseinrichtungen, beim Fremdenverkehr sowie in Museen und wissenschaftlichen Präsenzbibliotheken
- beim Rundfunk, bei der Tages- und Sportpresse, bei Nachrichtenagenturen sowie bei den der Tagesaktualität dienenden Tätigkeiten für andere Presseerzeugnisse einschließlich des Austragens, bei der Herstellung von Satz, Filmen und Druckformen für tagesaktuelle Nachrichten und Bilder

Weitere Ausnahmen von der Sonn- und Feiertagsruhe, d.h. also für eine Sonn- und Feiertagsbeschäftigung, ergeben sich aus § 10 Arbeitszeitgesetz.

Lässt das Arbeitszeitgesetz nach § 10 eine Sonn- und Feiertagsbeschäftigung zu und absolviert der Auszubildende in einem von der Sonn- und Feiertagsruhe ausgeschlossenen Bereich seine Ausbildung, welche in § 10 Arbeitszeitgesetz aufgezählt sind, so ist auch der Auszubildende verpflichtet, im Ausnahmefall seine Ausbildung und seinen Arbeitseinsatz ebenfalls an einem Sonntag oder an einem Feiertag für den Ausbilder zu erbringen. Der Ausgleich für Sonn- und Feiertagsbeschäftigung ergibt sich aus § 11 Arbeitszeitgesetz.

i

Bestimmte, in § 10 Arbeitszeitgesetz aufgezählte Bereiche sind von der Sonn- und Feiertagsruhe ausgeschlossen. Für diese Bereiche ist jedoch ein Ausgleich für die Arbeit an Sonn- und Feiertagen vorgesehen, welcher sich aus § 11 Arbeitszeitgesetz ergibt.

4.11 Welche Nebenpflichten hat ein Auszubildender?

Während der Ausbildung hat der Auszubildende auch wichtige Nebenpflichten zu beachten. Sie ergeben sich zum einen aus § 13 Berufsbildungsgesetz, zum anderen aus dem Ausbildungsvertrag in Verbindung mit § 241 Absatz 2 Bürgerliches Gesetzbuch. Danach kann der Ausbildungsvertrag die Vertragspartner zur Rücksicht auf die Rechte, Rechtsgüter und Interessen des anderen Vertragspartners verpflichten.

Allgemeine Treuepflicht und Pflicht zur Rücksichtnahme

Darunter versteht man die Pflichten des Auszubildenden, den Weisungen des Arbeitgebers = Ausbilders zu folgen und z. B. Rücksicht auf die dem Auszubildenden während der Berufsausbildung überlassenen Gegenstände, z. B. Werkzeug, Maschinen, Laptop etc. zu nehmen, d. h. diese pfleglich zu behandeln und vor Beschädigungen zu schützen.

Handlungspflichten

Der Auszubildende hat z. B. eine Schadensabwendungspflicht, z. B, wenn ein Feuer im Betrieb ausbricht und er dieses als erster bemerkt. Neben einer sofortigen Informationspflicht gegenüber dem Ausbilder hat der Auszubildende die Pflicht, bei einem kleineren Brand Löschmaßnahmen zu ergreifen bzw. die Feuerwehr zu rufen.

Unterlassungspflichten

Der Auszubildende hat alles zu unterlassen, was beim Ausbilder einen Schaden hervorrufen könnte. Der Auszubildende darf weder den Betriebsfrieden stören, noch ihm durch die Ausbildung zugängliche Betriebsgeheimnisse offenbaren bzw. Sach- oder Personenschäden auslösen. Die wichtigste Unterlassungspflicht des Auszubildenden ist seine Verschwiegenheitspflicht über Betriebsgeheimnisse.

4.12 Welche Hauptpflichten hat der Ausbilder?

Der Arbeitgeber = Ausbilder hat zwei Hauptpflichten gegenüber dem Auszubildenden zu erfüllen.

Berufsausbildung zum Erreichen des Ausbildungsziels

Nach § 14 Absatz 1 Berufsbildungsgesetz hat der Ausbildende dafür zu sorgen, dass dem Auszubildenden die berufliche Handlungsfähigkeit vermittelt wird, die zum Erreichen des Ausbildungsziels erforderlich ist, und die Berufsausbildung in einer durch ihren Zweck gebotenen Form planmäßig, zeitlich und sachlich gegliedert so durchzuführen, dass das Ausbildungsziel in der vorgesehenen Ausbildungszeit erreicht werden kann.

Angemessene Vergütung

Auch die Vergütungspflicht des Auszubildenden ist eine Hauptpflicht des Ausbilders. Nach § 17 Berufsbildungsgesetz hat der Ausbildende dem Auszubildenden eine angemessene Vergütung zu gewähren. Sie ist nach dem Lebensalter der Auszubildenden so zu bemessen, dass sie mit fortschreitender Berufsausbildung mindestens jährlich ansteigt. Eine über die vereinbarte regelmäßige tägliche Ausbildungszeit hinaus gehende Beschäftigung ist besonders zu vergüten oder durch entsprechende Freizeit auszugleichen. Nach § 18 Berufsbildungsgesetz bemisst sich die Vergütung nach Monaten. Bei Berechnung der Vergütung für einzelne Tage wird der Monat zu 30 Tagen gerechnet. Die Vergütung für den laufenden Kalendermonat ist spätestens am letzten Arbeitstag des Monats zu zahlen. Die Vergütung wird üblicherweise auf das Konto des Auszubildenden überwiesen. Das gilt auch für Minderjährige, die nach Einverständnis des gesetzlichen Vertreters, üblicherweise der Eltern, eine Berufsausbildung zu beginnen, dadurch auch berechtigt sind, die Vergütung entgegenzunehmen und darüber zu verfügen.

4.13 Wie hat der Ausbilder die Berufsausbildung zu gestalten?

Ausbilder haben die Berufsausbildung so zu gestalten, dass der Auszubildende die beruflichen Fertigkeiten, Kenntnisse, Fähigkeiten und beruflichen Erfahrungen während der Berufsausbildungszeit erlangen kann. Voraussetzung ist zum einen ein konkreter Ausbildungsplan für den ganzen Zeitraum der Berufsausbildung, nach dem die Berufsausbildung durch den Ausbilder vorzunehmen ist. Der Umfang der Berufsausbildung, also auch der Inhalt eines betrieblichen Ausbildungsplans, ist in der Ausbildungsordnung und dem dazugehörigen Ausbildungsrahmenplan festgeschrieben.

Zum anderen hat der Ausbildende nach § 14 Absatz 1 Nr. 3 Berufsbildungsgesetz dem Auszubildenden kostenlos die Ausbildungsmittel, insbesondere Werkzeuge und Werkstoffe zur Verfügung zu stellen, die zur Berufsausbildung und zur Ablegung von Zwischen- und Abschlussprüfungen, auch soweit solche nach Beendigung des Berufsausbildungsverhältnisses stattfinden, zur Verfügung zu stellen. Außerdem hat der Ausbilder den Auszubildenden zum Besuch der Berufsschule sowie zum Führen von schriftlichen Ausbildungsnachweisen anzuhalten, soweit solche im Rahmen der Berufsausbildung verlangt werden und diese durchzusehen.

4.14 Hat der Auszubildende Anspruch auf Urlaub?

Nach § 11 Absatz 1 Nr. 7 Berufsbildungsgesetz ist in die Vertragsniederschrift des Berufsausbildungsvertrags auch die Dauer des Urlaubs aufzunehmen. Nach § 10 Absatz 2 Berufsbildungsgesetz sind die für den Arbeitsvertrag geltenden Rechtsvorschriften und Rechtsgrundsätze auch auf den Berufsausbildungsvertrags anzuwenden. Daher gilt das Bundesurlaubsgesetz auch für Auszubildende. Nach § 3 Absatz 1 Bundesurlaubsgesetz beträgt der Urlaub mindestens 24 Werktage. Aus Tarifverträgen einzelner Branchen kann sich ein höherer Urlaubsanspruch für Auszubildende ergeben.

Handelt es sich bei dem Auszubildenden noch um einen Jugendlichen, so hat nach § 19 Jugendarbeitsschutzgesetz der Arbeitgeber = Ausbilder dem Jugendlichen für jedes Kalenderjahr einen bezahlten Erholungsurlaub von mindestens 30 Werktagen, wenn der Jugendliche erst 15 Jahre alt ist, 27 Werktage, wenn der Jugendliche erst 16 Jahre alt ist, 25 Werktage, wenn der Jugendliche erst 17 Jahre alt ist, zu gewähren. Der Urlaub soll vom Auszubildenden nicht während der Berufsschulzeit genommen werden.

Der Urlaubsanspruch beträgt mindestens 24 Werktage pro Jahr. Aus Tarifverträgen einzelner Branchen und bei Minderjährigen kann sich ein höherer Urlaubsanspruch ergeben.

4.15 Welche besonderen Schutzpflichten hat der Ausbilder?

Schutz von Leben und Gesundheit

Die wichtigste Schutzpflicht des Ausbilders gegenüber dem Auszubildenden ist die Pflicht zum Schutz von Leben und Gesundheit. Diese Pflicht ergibt sich zum einen aus § 14 Absatz 1 Nr. 5 Berufsbildungsgesetz sowie § 14 Absatz 2 Berufsbildungsgesetz. Danach hat der Ausbilder dafür zu sorgen, dass der Auszubildende nicht körperlich gefährdet wird und der Ausbilder dem Auszubildenden nur Tätigkeiten übertragen darf, die dem Ausbildungszweck dienen und den körperlichen Kräften des Auszubildenden angemessen sind.

Im Sinne von § 618 Bürgerliches Gesetzbuch hat der Ausbilder Räume, Vorrichtungen oder Gerätschaften, die er für den Ausbildungszweck zur Verfügung stellt, so einzurichten und zu unterhalten sowie die Tätigkeiten des Auszubildenden nur so zu planen, dass sie keine Gefahr für Leben und Gesundheit des Auszubildenden bewirken können.

In ähnlicher Weise formuliert es das Arbeitsschutzgesetz in § 1 Absatz 1, welches auch für Auszubildende gilt. Dieses Gesetz dient dazu, Sicherheit und Gesundheitsschutz der Beschäftigten bei der Arbeit durch Maßnahmen des Arbeitsschutzes zu sichern und zu verbessern.

Schutz von Persönlichkeitsrechten

Der Ausbilder hat die Pflicht, den Auszubildenden während der Berufsausbildung in seinen Persönlichkeitsrechten zu schützen. Der Ausbilder hat z. B. dafür zu sorgen, dass

- jede ungerechte Behandlung von Vorgesetzten, z. B. Mobbing, unterbleibt
- eine angemessene = menschengerechte Berufsausbildung erfolgt
- der Schutz vor sexueller Belästigung am Arbeitsplatz besteht und
- der Datenschutz gegenüber dem Auszubildenden, der Zeugnisse und weitere Leistungsnachweise im Rahmen des Bewerbungsverfahrens an den Ausbilder übergeben hat, eingehalten wird.

4.16 Welche Pflichten hat der Ausbilder am Ende der Berufsausbildung?

Nach § 21 Berufsbildungsgesetz endet das Berufsausbildungsverhältnis mit dem Ablauf der Ausbildungszeit, es sei denn, der Auszubildende besteht vor Ablauf der Ausbildungszeit die Abschlussprüfung; dann endet das Berufsausbildungsverhältnis mit Bekanntgabe des Ergebnisses durch den Prüfungsausschuss.

Zeugnis

Ist die Ausbildung beendet, hat der Ausbilder die Pflicht, dem Auszubildenden ein Zeugnis auszustellen. Folgende Angaben müssen darin mindestens enthalten sein:

- Art, Dauer und Ziel der Berufsausbildung
- Erworbene Fertigkeiten, Kenntnisse und Fähigkeiten

Der Auszubildende erwartet üblicherweise ein qualifiziertes Berufsausbildungszeugnis. Demzufolge müssen folgende weitere Angaben im Berufsausbildungszeugnis enthalten sein:

- Verhalten des Auszubildenden während der Berufsausbildung
- Leistungsbeurteilung des Auszubildenden

Nach § 16 Absatz 1 Berufsbildungsgesetz muss das Zeugnis schriftlich ausgestellt worden sein. Die elektronische Form ist ausgeschlossen. Das Zeugnis ist in deutscher Sprache zu verfassen unter Berücksichtigung des Ausstellungsdatums. Es muss auf dem Original-Briefpapierbogen des Ausbilders formuliert sowie entweder von der Geschäftsführung oder von einem Geschäftsführungsmitglied und einem Bevollmächtigten mit Originalunterschriften unterschrieben worden sein.

Grundsätzlich ist das Zeugnis dem Auszubildenden am letzten Tag der Berufsausbildung zu überreichen.

Abgeltung von nicht genommenen Urlaubstagen

Konnte der Auszubildende den ihm zustehenden Urlaub nicht vollständig in Anspruch nehmen, so ist der Urlaub wegen der Beendigung der Berufsausbildung nach § 7 Absatz 4 Bundesurlaubsgesetz finanziell abzugelten. Jeder nicht genommene Urlaubstag ist also wie ein zusätzlicher Berufsausbildungstag zu vergüten.

4.17 Welche Pflichten hat der Auszubildende am Ende der Berufsausbildung?

Herausgabepflicht

Am Ende der Berufsausbildung ist der Auszubildende verpflichtet, ihm überlassene Vermögensgegenstände zur Erreichung des Ausbildungszwecks wie z. B. Werkzeug, Gerätschaften, Laptop oder Notebook bzw. Geschäftsunterlagen an den Ausbilder zurückzugeben. Er ist verständlicherweise nicht berechtigt, diese Gegenstände weiter zu nutzen.

Verschwiegenheitspflicht

Auch über den letzten Tag seiner Berufsausbildung hinaus ist der Auszubildende verpflichtet, über alle Betriebs- und Geschäftsgeheimnisse des Ausbilders Stillschweigen zu bewahren. Das gilt insbesondere für eine spätere Verwertung solcher Betriebs- und Geschäftsgeheimnisse, die für den Auszubildenden an einem anderen Arbeitsplatz später für ein anderes Unternehmen bei der Verwertung von Nutzen sein können. Diese nachvertragliche Pflicht besteht, solange die dem Auszubildenden zugänglichen Betriebs- und Geschäftsgeheimnisse nicht in der Öffentlichkeit publik geworden sind bzw. durch technische Neuerungen keine Relevanz mehr entfalten. Beispiele sind die Rezeptur von Medikamenten oder Getränken, das Knowhow von Patenten oder Arbeitsschritten zur Erstellung von neuer Software. Allerdings darf die Verschwiegenheitspflicht über Betriebs- und Geschäftsgeheimnisse für den Auszubildenden nicht soweit gehen, dass er erworbene Fertigkeiten, Kenntnisse, Fähigkeiten sowie berufliche Erfahrungen zukünftig als Arbeitnehmer in einem anderen Unternehmen nicht nutzen darf.

Ausgleichsquittung

In seltenen Fällen ist der Auszubildenden verpflichtet, eine Ausgleichsquittung zu unterschreiben. Dabei handelt es sich um ein negatives Schuldanerkenntnis gegenüber dem Ausbilder, dass dieser gegenüber dem Auszubildenden seine gesamten Haupt- und Nebenpflichten erfüllt hat.

Beispiel:

Ein Auszubildender konnte die im Ausbildungsvertrag vereinbarten Urlaubstage nicht vollständig nehmen und sein Ausbilder hat die nicht genommenen Urlaubstage am Ende der Ausbildung nicht wie gesetzlich in § 7 Absatz 4 Bundesurlaubsgesetz vorgesehen, vergütet. Eine vom Auszubildenden unterzeichnete Ausgleichsquittung besagt, dass der Ausbilder sämtliche finanziellen Ansprüche aus den nicht genommenen Urlaubstagen abgegolten hat.

4.18 Welche Vereinbarungen im Ausbildungsvertrag sind nichtig?

§ 12 Berufsbildungsgesetz normiert Regelungen, nach denen Vereinbarungen in einem Ausbildungsvertrag nichtig sein können. Dieser Paragraph des Berufsbildungsgesetzes schützt den Auszubildenden davor, zum einen nach Beendigung seiner Berufsausbildung in seiner Berufsausübung eingeschränkt zu sein, zum anderen vor finanziellen Belastungen während seiner Ausbildungszeit.

Nach § 12 Absatz 1 Berufsbildungsgesetz ist eine Vereinbarung, die Auszubildende für die Zeit nach Beendigung des Berufsausbildungsverhältnisses in der Ausübung ihrer beruflichen Tätigkeit beschränkt, nichtig. Dies gilt nicht, wenn sich Auszubildende innerhalb der letzten sechs Monate des Berufsausbildungsverhältnisses dazu verpflichten, nach dessen Beendigung mit dem Ausbilder ein Arbeitsverhältnis einzugehen.

Nichtig in einem Berufsausbildungsvertrag sind auch:

- die Verpflichtung Auszubildender, für die Berufsausbildung eine Entschädigung zu zahlen
- Vereinbarungen über Vertragsstrafen
- Vereinbarungen über den Ausschluss oder die Beschränkung von Schadensersatzansprüchen
- die Festsetzung der Höhe eines Schadensersatzes in pauschalen Beträgen.

5. Gleichbehandlung von Auszubildenden im selben Unternehmen

5.1 Wo ist die Gleichbehandlung rechtlich geregelt?

Allgemeiner Gleichbehandlungsgrundsatz

Der allgemeine Gleichbehandlungsgrundsatz für alle Arbeitnehmer in einem Betrieb, also auch für alle Auszubildenden in einem Unternehmen, ist im Arbeitsrecht seit langer Zeit anerkannt. Es handelt sich um Gewohnheitsrecht. Die Rechtsliteratur geht davon aus, dass der Gleichbehandlungsgrundsatz seinen Ursprung im allgemeinen Gerechtigkeitsbewusstsein hat. Folglich sind grundsätzlich alle Auszubildenden in einem Betrieb gleich zu behandeln.

Dagegen spricht der Grundsatz der Vertragsfreiheit, auch Privatautonomie genannt. Im Arbeitsrecht geht der Grundsatz der Vertragsfreiheit dem allgemeinen Gleichbehandlungsgrundsatz dann vor, wenn er gerechtfertigt ist. So erhält zum Beispiel ein Arbeitnehmer von seinem Arbeitgeber einen Dienstwagen zur Nutzung bereitgestellt, ein anderer Arbeitnehmer dagegen nicht. Auf ein Ausbildungsverhältnis bezogen kann die Situation eintreten, dass, ohne den Grundsatz der Gleichbehandlung aller Auszubildenden einzuschränken, Auszubildende in einem Bereich des Unternehmens stärkere praktische berufliche Erfahrungen sammeln können als in anderen Bereichen, ein Auszubildender zum Ausbildungs- und Tätigkeitsort evtl. die Fahrtkosten bei einer langen Anfahrt vergütet bekommt, ein anderer nicht.

Gravierende Unterschiede bei der Behandlung von Auszubildenden verbietet aber der allgemeine Gleichbehandlungsgrundsatz.

Allgemeines Gleichbehandlungsgesetz

Ziel des Allgemeinen Gleichbehandlungsgesetzes ist es nach § 1, Benachteiligungen aus Gründen der Rasse oder wegen der ethnischen Herkunft, des Geschlechts, der Religion, der Weltanschauung, einer Behinderung, des Alters oder des sexuellen Identität zu verhindern oder zu beseitigen. Schon bei der Ausschreibung eines Ausbildungsplatzes muss eine derartige Benachteiligung verhindert werden.

Hat der Auszubildende seine Ausbildung begonnen und tritt eine Benachteiligung im Sinne von § 1 Allgemeines Gleichbehandlungsgesetz im Unternehmen auf, ist der Ausbildungsgeber verpflichtet, eine solche Benachteiligung zu beseitigen. Denn der Ausbildungsgeber ist nach § 12 Allgemeines Gleichbehandlungsgesetz verpflichtet, die erforderlichen Maßnahmen zum Schutz vor Benachteiligung wegen eines in § 1 Allgemeines Gleichbehandlungsgesetzes genannten Grundes zu treffen. Dieser Schutz umfasst auch vorbeugende Maßnahmen.

Nach § 12 Absatz 2 Allgemeines Gleichbehandlungsgesetz soll der Arbeitgeber, hier der Ausbilder, in geeigneter Art und Weise, insbesondere im Rahmen der beruflichen Aus- und Fortbildung auf die Unzulässigkeit solcher Benachteiligungen hinweisen und darauf hinwirken, dass diese unterbleiben.

5.2 Was bedeutet das Benachteiligungsverbot?

Das Benachteiligungsverbot ist in § 7 Allgemeines Gleichbehandlungsgesetz geregelt. Danach dürfen Beschäftigte, also auch Auszubildende, nicht wegen eines in §1 Allgemeines Gleichbehandlungsgesetzes genannten Grundes benachteiligt werden. Das hat zur Folge, dass auch Bestimmungen in Vereinbarungen, typischerweise Regelungen im Ausbildungsvertrag, die gegen das Benachteiligungsverbot verstoßen, unwirksam sind. Außerdem verletzt der Ausbilder gegenüber dem Auszubildenden eine vertragliche Pflicht, wenn er ihn unzulässig gegenüber anderen Auszubildenden benachteiligt. Zu unterscheiden ist zwischen einer unmittelbaren und einer mittelbaren Benachteiligung. Nach § 3 Absatz 1 Allgemeines Gleichbehandlungsgesetz liegt eine unmittelbare Benachteiligung bei einem Auszubildenden vor, wenn er wegen eines in § 1 Allgemeines Gleichbehandlungsgesetzes genannten Grundes eine weniger günstige Behandlung erfährt als ein anderer Auszubildender in einer vergleichbaren Situation erfährt, erfahren hat oder erfahren würde. Eine unmittelbare Benachteiligung wegen des Geschlechts liegt zum Beispiel auch im Fall einer ungünstigeren Behandlung einer Frau gegenüber einem Mann vor, also einer Auszubildenden gegenüber einem Auszubildenden.

Nach § 3 Absatz 2 Allgemeines Gleichbehandlungsgesetz liegt eine mittelbare Benachteiligung vor, wenn dem Anschein nach neutrale Vorschriften, Kriterien oder Verfahren Personen, hier Auszubildende, wegen eines in § 1 Allgemeines Gleichbehandlungsgesetz genannten Grundes gegenüber anderen Personen in besonderer Weise benachteiligen können. Beispiel: nur, weil Auszubildende in unterschiedlichen Abteilungen im selben Unternehmen arbeiten, dürfen sie grundsätzlich nicht benachteiligt werden. Oder: Arbeiten mehrere Auszubildende unterschiedlicher Herkunft an demselben Projekt, darf keine Benachteiligung erfolgen.

5.3 Welche Folgen hat die Diskriminierung eines Auszubildenden?

Verstößt der Ausbilder gegenüber einem Auszubildenden gegen den Allgemeinen Gleichbehandlungsgrundsatz, kann er sich gegenüber dem Auszubildenden unter Umständen schadensersatzpflichtig nach § 280 Absatz 1 Bürgerliches Gesetzbuch machen. Voraussetzung ist, dass der Ausbilder vorsätzlich oder fahrlässig eine Pflichtverletzung gegenüber dem Auszubildenden begeht, wodurch ein Schaden entsteht, den der Ausbilder zu ersetzen hat.

Bei einem Verstoß gegen das Benachteiligungsverbot des Allgemeinen Gleichbehandlungsgesetzes ist der Ausbilder nach § 15 Absatz 1 Allgemeines Gleichbehandlungsgesetz verpflichtet, dem Auszubildenden den hierdurch entstandenen Schaden zu ersetzen. Selbst wenn es sich um einen immateriellen Schaden handelt, hat der Auszubildende nach § 15 Absatz 2 Allgemeines Gleichbehandlungsgesetz einen Anspruch auf Schadensersatz.

Liegt eine Benachteiligung des Auszubildenden vor, steht dem Auszubildenden nach §13 Allgemeines Gleichbehandlungsgesetz ein Beschwerderecht und nach § 14 Allgemeines Gleichbehandlungsgesetz ein Leistungsverweigerungsrecht zu. Im letzteren Fall kann also ein Auszubildender seinen Ausbildungs- und Tätigkeitseinsatz stoppen, wenn der Ausbilder z.B. keine oder offensichtlich nur ungeeignete Maßnahmen zur Unterbindung einer Belästigung oder sexuellen Belästigung gegenüber dem Auszubildenden ergreift.

6. Ausbildung außerhalb der Ausbildungsstätte

6.1 Ist die Freistellung des Auszubildenden zum Berufsschulunterricht Pflicht?

Nach § 14 Absatz 1 Nummer 4 Berufsbildungsgesetz hat der Ausbildende den Auszubildenden zum Besuch der Berufsschule sowie zum Führen von schriftlichen Ausbildungsnachweisen anzuhalten, soweit solche im Rahmen der Berufsausbildung verlangt werden und diese durchzusehen. Aus § 15 Berufsbildungsgesetz ergibt sich, dass Ausbildende die Auszubildenden für die Teilnahme am Berufsschulunterricht und an Prüfungen freizustellen haben.

Der Berufsschulunterricht stellt einen wichtigen Teil der Berufsausbildung dar. Der Lehrstoff des Berufsschulunterrichts ist die theoretische Ausbildung der Berufsausbildung.

Die Theorie ist nach § 38 Berufsbildungsgesetz ebenso Prüfungsinhalt der Abschlussprüfung wie die während der praktischen Ausbildung im jeweiligen Betrieb erworbenen Fertigkeiten, Kenntnisse und beruflichen Erfahrungen. Die betriebliche Ausbildung und der Berufsschulunterricht bilden eine Prüfungseinheit.

Grundsätzlich soll der Ausbildende den Auszubildenden zum Besuch der Berufsschule sowie zum Führen von schriftlichen Ausbildungsnachweisen nur anhalten. Das bedeutet, dass der Auszubildende am Berufsschulunterricht auch freiwillig teilnehmen kann, wenn er dies mit seinem Ausbilder vereinbart. Eine etwaige Berufsschulpflicht ergibt sich aus den jeweiligen Landesgesetzen der einzelnen Bundesländer zur Schulpflicht.

6.2 Wann finden Ausbildungsmaßnahmen außerhalb des Ausbildungsbetriebs statt?

Ausbildungsmaßnahmen können aus mehrfachen Gründen auch außerhalb der Ausbildungsstätte, d.h. des Betriebs des Ausbilders stattfinden.

Teilnahme am Berufsschulunterricht

Die Teilnahme am Berufsschulunterricht ist ein erster Grund. Denn die theoretische Ausbildung findet üblicherweise bis auf einen etwaigen hausinternen theoretischen Unterricht, an der jeweiligen Berufsschule statt. Der Ausbilder ist nach § 14 Absatz 1 Nummer 4 Berufsbildungsgesetz dazu verpflichtet, Auszubildende zum Besuch der Berufsschule anzuhalten. Nach § 15 Berufsbildungsgesetz hat der Ausbildende den Auszubildenden für die Teilnahme am Berufsschulunterricht und an Prüfungen freizustellen.

Ausbildungsmaßnahmen außerhalb der Ausbildungsstätte

Nach § 15 Berufsbildungsgesetz gilt das gleiche, wenn Ausbildungsmaßnahmen außerhalb der Ausbildungsstätte durchzuführen sind. Dabei kann es sich zum einen um die Teilnahme an Prüfungen handelt, so z.B. für die Zwischenprüfung bzw. die Abschlussprüfung. Es kann aber auch sein, dass die Ausbildungsstätte des Ausbilders im Sinne von § 27 Absatz 2 Berufsbildungsgesetz die erforderlichen beruflichen Fertigkeiten, Kenntnisse und Fähigkeiten nicht im vollen Umfang vermitteln kann. Dann kann der Ausbilder dafür sorgen, dass die Ausbildung der Vollständigkeit halber auch außerhalb der eigenen Ausbildungsstätte, z.B. in einem befreundeten Unternehmen, vermittelt wird.

7. Pflichtverletzungen während der Ausbildung

7.1 Welche Pflichtverletzungen kann der Auszubildende begehen?

Nichterbringung des Ausbildungseinsatzes

Nach Abschluss des Ausbildungsvertrags verpflichtet sich der Auszubildende, für den Ausbilder während der Dauer der Ausbildung tätig zu sein. Dazu gehört die verabredete Ausbildung nach einem Ausbildungsplan sowie ein gewisser Arbeitseinsatz. Ausbilder und der Auszubildende haben im Ausbildungsvertrag eine Vergütung für den Ausbildungseinsatz vereinbart. Der Ausbilder hat das Recht, die Vergütung zu mindern, wenn z. B. der Auszubildende an einem oder mehreren Tagen der vereinbarten Ausbildungszeit entweder zu spät oder gar nicht zu seinem Ausbildungseinsatz erscheint. Dasselbe gilt für den gesamten Vergütungsanspruch, wenn der Auszubildende die Berufsausbildung beim Ausbilder gar nicht erst beginnt. Nach § 326 Absatz 1 Bürgerliches Gesetzbuch verliert der Auszubildende den Anspruch auf die Vergütungsleistung des Ausbilders.

Dagegen verliert der Auszubildende den vollständigen Vergütungsanspruch nicht, wenn er im Sinne des § 19 Absatz 1 Nummer 2b Berufsbildungsgesetz aus einem in seiner Person liegenden Grund unverschuldet verhindert ist. Eine unverschuldete Verhinderung liegt z. B. vor, wenn der Auszubildende einen Arzttermin wahrnehmen muss, an der Beerdigung eines nahen Angehörigen teilnimmt oder als Zeuge vor Gericht aufzutreten hat.

Schlechterfüllung des Ausbildungseinsatzes

Der Auszubildende ist, juristisch gesehen, nicht verpflichtet, seine Ausbildung erfolgreich zu absolvieren. Er schuldet dem Ausbilder aber einen Ausbildungseinsatz mit höchster Sorgfalt. Verursacht der Auszubildende z. B. einen Schaden an den Wertgegenständen, die ihm zur Erreichung des Ausbildungsziels überlassen worden sind, etwa Werkzeug oder PC bzw. Laptop, hat er eventuell den Schaden zu ersetzen.

Verletzung von Nebenpflichten

Während der Ausbildung oder sogar auch nach Beendigung der Ausbildung hat der Auszubildende Nebenpflichten aus dem Ausbildungsverhältnis zu erfüllen, so im Rahmen der Treuepflicht den Weisungen des Ausbilders Folge zu leisten oder die Rechte und Rechtsgüter des Ausbilders zu achten.

Außerdem hat er über die während der Ausbildung erfahrenen Betriebs- und Geschäftsgeheimnisse auch nach Beendigung der Ausbildung Stillschweigen zu bewahren.

7.2 Was passiert bei Pflichtverletzungen des Auszubildenden?

Verlust der Ausbildungsvergütung

Wenn der Auszubildende seinen Ausbildungs- und Tätigkeitseinsatz nicht wie im Ausbildungsvertrag vereinbart erbringt, verliert er den Anspruch auf die vereinbarte Ausbildungsvergütung. Dabei ist egal, ob er die Nichterbringung des Ausbildungs- und Tätigkeitseinsatzes zu vertreten hat oder nicht. Grundsätzlich verliert er den Vergütungsanspruch, ob er nun an einem Tag keine Lust hat, den Ausbildungs- und Tätigkeitseinsatz beim Ausbilder zu erbringen oder ob ein Unwetter ihn dazu zwingt, zuhause zu bleiben.

Nur wenn der Ausbilder im Sinne von § 326 Absatz 2 Bürgerliches Gesetzbuch zumindest weit überwiegend dafür verantwortlich ist, dass der Auszubildende seinen Ausbildungs- und Tätigkeitseinsatz nicht erbringen kann, steht dem Auszubildenden der vereinbarte Vergütungsanspruch weiterhin zu.

Beispiel:

Durch einen Rohrbruch entsteht ein bedeutender Wasserschaden im Betrieb, der auch den Arbeitsplatz des Auszubildenden so stark beeinträchtigt, dass dieser zwei Tage lang seine Ausbildung nicht absolvieren kann. Für den Rohrbruch ist der Ausbilder im Sinne von § 326 Absatz 2 Bürgerliches Gesetzbuch selbst verantwortlich, sodass der Vergütungsanspruch des Auszubildenden weiterhin besteht.

Schadensersatz

Hat der Auszubildende eine Pflichtverletzung entweder vorsätzlich oder fahrlässig im Betrieb des Ausbilders begangen, z.B. einen Wertgegenstand beschädigt oder ein Fenster über Nacht offen gelassen und hat dadurch Regen oder Schnee ein elektronisches Gerät beschädigt, kann der Ausbilder gegenüber dem Auszubildenden Schadensersatz verlangen.

Die Beweislast, dass der Schaden durch den Auszubildenden eingetreten ist, obliegt dem Ausbilder.

Auch bei der Schlechterfüllung der Ausbildung, aus der sich ein Schaden ergeben kann, obliegt dem Ausbilder die Beweislast, dass der Auszubildende durch den schlechten Ausbildungs- und Tätigkeitseinsatz beim Ausbilder einen Schaden verursacht hat, den er ersetzen muss.

Abmahnungen

Der Ausbilder kann gegenüber dem Auszubildenden auch eine Abmahnung aussprechen. Damit bringt der Ausbilder zum Ausdruck, dass er das bisherige, vertragswidrige Verhalten des Auszubildenden, z. B. dauernde Unpünktlichkeit, missbilligt. Eine Abmahnung muss auf jeden Fall vor einer Kündigung ausgesprochen werden. Die Abmahnung hat den Sinn und Zweck, dem Auszubildenden zu verdeutlichen, dass er sein Fehlverhalten sofort zu ändern hat. Ansonsten gefährdet er die Fortsetzung der Ausbildung.

Kündigung

Ist das Fehlverhalten des Auszubildenden während der Ausbildung so bedeutend, dass der Ausbilder das Ausbildungsverhältnis mit dem Auszubildenden nicht mehr fortsetzen möchte, steht dem Ausbilder das Kündigungsrecht zu. Zu beachten ist, dass der Ausbilder das Ausbildungsverhältnis mit dem Auszubildenden während der Probezeit jederzeit ohne Einhalten einer Kündigungsfrist kündigen kann. Nach Beendigung der Probezeit kann der Ausbilder das Ausbildungsverhältnis nur kündigen, wenn ein wichtiger Grund für die Kündigung vorliegt. Beispielsweise können als wichtiger Grund Diebstahl des Auszubildenden oder Körperverletzung eines Beschäftigten durch den Auszubildenden genannt werden.

7.3 Welche Pflichtverletzungen des Ausbilders können während der Ausbildung entstehen?

Verletzung der Ausbildungs- und Beschäftigungspflicht

Eine völlige Nichtbeschäftigung des Auszubildenden, eine nur teilweise Beschäftigung des Auszubildenden oder eine völlig falsche Beschäftigung entgegen der Vereinbarungen im Ausbildungsvertrag führen auf Seiten des Ausbilders zu einer Verletzung der Ausbildungs- und Beschäftigungspflicht, selbst wenn der Ausbilder an den Auszubildenden die vereinbarte Vergütung bezahlt. Denn der Auszubildende will ja nicht nur eine Vergütung erhalten; durch die Berufsausbildung will er neue berufliche Fertigkeiten, Kenntnisse, Fähigkeiten und berufliche Erfahrungen sammeln.

Vergütungspflicht

Kommt der Ausbilder der im Ausbildungsvertrag vereinbarten Vergütungspflicht gegenüber dem Auszubildenden nicht nach, begeht er wiederum gegenüber dem Auszubildenden eine Pflichtverletzung. Diese Pflichtverletzung entsteht auch dann, wenn der Ausbilder die Vergütung, wie im Ausbildungsvertrag vereinbart, nicht in voller Höhe oder nicht zum vereinbarten Zeitpunkt vornimmt.

Verletzung von Nebenpflichten

Der Ausbilder begeht auch eine Pflichtverletzung, wenn er Nebenpflichten nicht erfüllt, so z.B. wenn er den Auszubildenden nicht vor Mobbing von anderen Arbeitnehmern, ihn nicht vor lebens- und gesundheitsgefährdenden Umständen im Betrieb schützt, dem Auszubildenden den Urlaubsanspruch nicht erfüllt oder entweder nach Abschluss der Ausbildung viel zu spät oder gar kein Zeugnis ausstellt.

7.4 Was passiert bei Pflichtverletzungen des Ausbilders?

Beim Ausbildungsvertrag handelt es sich um ein gegenseitiges Schuldverhältnis zwischen Ausbilder und Auszubildendem. Aus dem Ausbildungsvertrag ergibt sich, welche Ausbildung und Beschäftigung der Auszubildende erhalten soll. Erfüllt der Ausbilder den Ausbildungszweck und das Ausbildungsziel des Auszubildenden entweder gar nicht oder nur teilweise, mag unter Umständen ein Schadensersatzanspruch des Auszubildenden aus § 280 Absatz 1 Bürgerliches Gesetzbuch gegenüber dem Ausbilder denkbar sein. Dann muss allerdings mangels eines korrekten Ausbildungs- und Tätigkeitseinsatzes ein Schaden beim Auszubildenden entstanden sein, den der Ausbilder durch eine Pflichtverletzung entweder vorsätzlich oder zumindest fahrlässig verursacht hat.

Anspruch auf Ausbildung und Beschäftigung

Es kann manchmal vorkommen, dass der Ausbilder den Auszubildenden während der Ausbildung nicht zielgerichtet ausbildet und beschäftigt. Grundsätzlich hat der Auszubildende einen Anspruch auf die vereinbarungsgemäße Durchführung der Berufsausbildung. Diesen Anspruch kann er sogar einklagen. Aufgrund der längeren Dauer der Berufsausbildung, zwischen zwei und drei Jahren, ist dieser Anspruch nicht nur theoretischer Natur.

Außerordentliches Kündigungsrecht des Auszubildenden

Begeht der Ausbilder eine Pflichtverletzung und ist diese Pflichtverletzung sehr gravierend, steht dem Auszubildenden nach § 22 Absatz 2 Berufsbildungsgesetz ein außerordentliches Kündigungsrecht zur Kündigung des Ausbildungsvertrags zu. Erforderlich ist ein wichtiger Grund.

Als wichtige Gründe können gelten:

- Nichtbeschäftigung des Auszubildenden
- Ausbleiben der vereinbarten Vergütung
- Mangelnde Fürsorgepflicht des Ausbilders, d.h. Schutz des Auszubildenden vor Mobbing, vor sexueller Belästigung oder vor Lebens- und Gesundheitsgefährdung am Ausbildungsplatz

Wichtige Voraussetzung vor der außerordentlichen Kündigung des Auszubildenden ist allerdings, dass der Ausbilder über den nicht hinnehmbaren Zustand informiert wird.

7.5 Kann die Haftung des Auszubildenden eingeschränkt werden?

Grundsätzlich hat ein Schuldner, der einen Schaden verursacht, den Schaden zu ersetzen. Allerdings muss der Schuldner den Schaden zu vertreten haben. Das bedeutet, dass er nach § 276 Absatz 1 Bürgerliches Gesetzbuch den Schaden entweder vorsätzlich oder fahrlässig verursacht haben muss.

Haftungsbeschränkung und Verschuldungsgrad für Arbeitnehmer

Im Arbeitsrecht gilt der Grundsatz der Haftungsbeschränkung. Das bedeutet: dem Arbeitnehmer kann trotz gewissenhafter und aufmerksamer Tätigkeit auch einmal ein Fehler passieren, der einen Schaden verursachen kann. „Wo gehobelt wird, fallen eben auch Späne", so der Volksmund. Deshalb hat das Bundesarbeitsgericht in mehreren Urteilen entschieden, das eine Haftungsbeschränkung des Arbeitnehmers angemessen ist.

Es kommt darauf an, mit welchem Verschuldensgrad der Arbeitnehmer den Schaden verursacht hat. Handelt der Arbeitnehmer vorsätzlich und verursacht er dadurch einen Schaden, weil er z.B. seinen Arbeitgeber hasst und ihm einen Schaden zufügen will, haftet er für den Schaden voll. Auch bei grober Fahrlässigkeit („es wird schon gut gehen") haftet der Arbeitnehmer gegenüber dem Arbeitgeber grundsätzlich vollständig; wird allerdings durch die vollständige Haftung bei der groben Fahrlässigkeit die Existenz des Arbeitnehmers bedroht, so erkennt das Bundesarbeitsgericht dann eine Haftungsbeschränkung an. Bei normaler Fahrlässigkeit, d.h. beim Außerachtlassen der normalen Sorgfalt, haftet der Arbeitnehmer nur anteilig; üblicherweise muss er für den Schaden zu ca. 25% aufkommen. Bei leichtester Fahrlässigkeit haftet der Arbeitnehmer überhaupt nicht.

Haftungsbeschränkung und Verschuldungsgrad bei Ausbildungsverhältnissen

Für Berufsausbildungsverhältnisse gelten dieselben Abstufungen der Haftungsbeschränkungen wie beim Arbeitsverhältnis.

Verletzt der Auszubildende unachtsam einen unbeteiligten Dritten, so z. B. einen Lieferanten des Ausbilders, der nicht im Betrieb des Ausbilders beschäftigt ist, haftet der Auszubildende diesem unbeteiligten Dritten gegenüber grundsätzlich nach § 823 Absatz 1 Bürgerliches Gesetzbuch auf Schadensersatz. Geschieht die Verletzung des unbeteiligten Dritten im Rahmen des Ausbildungseinsatzes des Auszubildenden, gelten auch hier die Maßstäbe der Haftungsbeschränkung, so dass der Ausbilder den Schaden, den der unbeteiligte Dritte erfährt, bei fahrlässigem Handeln seines Auszubildenden anteilig zu ersetzen hat.

8. Unverschuldeter Ausfall der Ausbildung

8.1 Hat der Auszubildende Anspruch auf Entgeltzahlung an Feiertagen?

Das Entgeltfortzahlungsgesetz regelt nach § 1 die Zahlung des Arbeitsentgelts an gesetzlichen Feiertagen und im Krankheitsfall an Arbeitnehmer. Arbeitnehmer im Sinne dieses Gesetzes sind Arbeiter und Angestellte sowie wie die zu ihrer Berufsbildung Beschäftigten. Nach § 2 Absatz 1 Entgeltfortzahlungsgesetz hat der Arbeitgeber für Arbeitszeit, die in Folge eines gesetzlichen Feiertages ausfällt, dem Arbeitnehmer das Arbeitsentgelt zu zahlen, das er ohne den Arbeitsausfall erhalten hätte. Das gilt auch für Auszubildende.

Auszubildende, die am letzten Arbeitstag vor oder am ersten Arbeitstag nach Feiertagen unentschuldigt der Arbeit fernbleiben, haben nach § 2 Absatz 3 Entgeltfortzahlungsgesetz keinen Anspruch auf Bezahlung für diese Feiertage.

i

Auszubildende haben grundsätzlich im Rahmen des Entgeltfortzahlungsgesetzes Anspruch auf Fortzahlung des Entgelts an Feiertagen, außer sie bleiben am letzten Arbeitstag vor oder am ersten Arbeitstag nach diesen Feiertagen unentschuldigt dem Arbeitsplatz fern.

8.2 Hat der Auszubildende Anspruch auf Entgeltfortzahlung im Krankheitsfall?

Das Entgeltfortzahlungsgesetz regelt in § 3 auch den Anspruch auf Entgeltfortzahlung im Krankheitsfall. Wird ein Arbeitnehmer durch Arbeitsunfähigkeit infolge Krankheit an seiner Arbeitsleistung verhindert, ohne dass ihn ein Verschulden trifft, so hat er Anspruch auf Entgeltfortzahlung im Krankheitsfall durch den Arbeitgeber für die Zeit der Arbeitsunfähigkeit bis zur Dauer von sechs Wochen. Diese Regelung gilt ebenso für Auszubildende.

Wird der Auszubildende infolge derselben Krankheit erneut arbeitsunfähig, so verliert er wegen der erneuten Arbeitsunfähigkeit den Anspruch für einen weiteren Anspruch von höchstens sechs Wochen nicht, wenn

- er vor der erneuten Arbeitsunfähigkeit mindestens sechs Monate nicht infolge derselben Krankheit arbeitsunfähig war
- er seit Beginn der ersten Arbeitsunfähigkeit infolge derselben Krankheit eine Frist von zwölf Monaten abgelaufen ist

Eine Krankheit liegt dann vor, wenn z. B. der körperliche oder geistige Zustand des Auszubildenden beeinträchtigt ist. Aufgrund der Krankheit ist es dem Auszubildenden dadurch nicht möglich, seiner Ausbildung nachzukommen.

8.3 Wann liegt eine unverschuldete Krankheit vor?

Der Auszubildende hat gegenüber dem Ausbilder nur dann einen Anspruch auf Entgeltfortzahlung seiner Ausbildungs- und Tätigkeitsvergütung, wenn er unverschuldet krank geworden ist. Verschulden bedeutet hier im Sinne von § 276 Absatz 1 Bürgerliches Gesetzbuch wieder vorsätzliches oder fahrlässiges Handeln.

Die Rechtsprechung des Bundesarbeitsgerichts, aber auch die Rechtsliteratur sind gegenüber Arbeitnehmern und somit auch Auszubildenden, was den Verschuldensmaßstab einer unverschuldeten Krankheit angeht, äußerst großzügig. So stellt das Bundesarbeitsgericht fest, dass eine Krankheit nur dann verschuldet ist, wenn das eigene Verhalten so unverhältnismäßig war, dass eine Krankheit auftreten konnte. Und die Rechtsliteratur geht sogar davon aus, dass man sich in seinem Privatleben auch gesundheitlichen Gefahren aussetzen darf. Das hat zur Folge, dass Sportunfälle, z.B. beim Skifahren, Bergsteigen, Surfen, Mountainbike fahren, beim Fußballspielen oder sogar beim Boxen als unverschuldet angesehen werden. Treten Unfälle bei Extremsportarten wie z.B. Drachenfliegen, Fallschirmspringen, Motocrossrennen oder Skispringen auf und verletzt sich der Auszubildende beim Unfall einer solchen Sportart, gilt die daraus entstandene Krankheit ebenfalls als unverschuldet.

Beispiele für verschuldete Verursachung einer Krankheit, z.B. bei einem Verkehrsunfall:

- Fehlendes Anlegen des Sicherheitsgurtes
- Autofahren im alkoholisierten Zustand

- Fahren mit Sommerreifen im Winter

Bedeutsam ist, dass diese Arten des widrigen Verhaltens zu einem Unfall des Auszubildenden geführt haben, der die Krankheit ausgelöst haben muss.

Wird der Auszubildende krank, ist er nach § 5 Absatz 1 Entgeltfortzahlungsgesetz verpflichtet, dem Ausbilder die Arbeitsunfähigkeit und die voraussichtliche Dauer unverzüglich mitzuteilen.

i

Dauert die Arbeitsunfähigkeit länger als drei Kalendertage, hat der Auszubildende eine ärztliche Bescheinigung über seine Arbeitsunfähigkeit sowie deren voraussichtliche Dauer spätestens an dem darauffolgenden Arbeitstag vorzulegen. Der Ausbilder ist berechtigt, die Vorlage der ärztlichen Bescheinigung auch früher zu verlangen.

Hält sich der Auszubildende bei Beginn der Arbeitsunfähigkeit im Ausland auf, z.B. im Urlaub, so ist er nach § 5 Absatz 2 Entgeltfortzahlungsgesetz verpflichtet, dem Ausbilder die Arbeitsunfähigkeit, deren voraussichtliche Dauer und die Adresse am Aufenthaltsort in der schnellstmöglichen Übermittlung mitzuteilen.

8.4 Hat der Auszubildende Anspruch auf Vergütung bei vorübergehender Verhinderung?

Auszubildende erhalten nach § 19 Absatz 1 Nummer 2b Berufsbildungsgesetz auch dann eine Vergütung, wenn sie aus einem sonstigen, in ihrer Person liegenden Grund unverschuldet verhindert sind, ihre Pflichten aus dem Berufsausbildungsverhältnis zu erfüllen. Folglich entfällt für Auszubildende der Vergütungsanspruch nicht bei einer kurzfristigen Verhinderung, obwohl der Verhinderungsgrund in der Person des Auszubildenden liegt. Der Verhinderungsgrund muss allerdings unverschuldet sein.

Objektive Verhinderungsgründe wie z.B. schlechte Wetterbedingungen, etwa starker Schneefall oder Eisglätte, noch schlimmer: Naturkatastrophen wie z.B. starker Windsturm mit umgestürzten Bäumen oder beschädigten Häusern etc., aber auch ein langer Verkehrsstau werden von der Rechtsprechung und der Rechtsliteratur nicht als vorübergehende Verhinderung anerkannt. Es muss sich um einen subjektiven Verhinderungsgrund handeln.

Beispiele für subjektive Verhinderungsgründe:

- Vorladung als Zeuge vor Gericht
- standesamtliche Eheschließung
- Goldene Hochzeit der Eltern
- medizinisch notwendige Arztbesuche
- Geburt eines eigenen Kindes (aus Sicht des Vaters).

8.5 Hat der Auszubildende einen Anspruch auf Entgelt während des Urlaubs?

Jeder Arbeitnehmer hat nach § 1 Bundesurlaubsgesetz in jedem Kalenderjahr Anspruch auf bezahlten Erholungsurlaub. Nach § 2 gilt das Bundesurlaubsgesetz auch für Auszubildende.

Grundsätzlich wird der volle Urlaubsanspruch nach § 4 Bundesurlaubsgesetz erstmalig nach sechsmonatigem Bestehen des Arbeitsverhältnisses = Auszubildendenverhältnisses erworben.

Nach § 7 Absatz 1 Bundesurlaubsgesetz sind bei der zeitlichen Festlegung des Urlaubs die Urlaubswünsche des Auszubildenden zu berücksichtigen, es sei denn, dass ihrer Berücksichtigung dringende betriebliche Belange entgegenstehen. Das Weisungsrecht des Ausbilders in § 13 Satz 2 Nummer 2 Berufsbildungsgesetz führt dazu, dass der Ausbilder gegenüber dem Auszubildenden grundsätzlich den Urlaubszeitpunkt sowie den Urlaubszeitraum festlegen kann. Das bedeutet für den Auszubildenden, dass dieser nicht selbständig seinen Urlaub festlegen kann. Üblicherweise bestimmen Ausbilder und Auszubildender allerdings die Urlaubstage einvernehmlich.

Nach § 7 Absatz 3 Satz 1 Bundesurlaubsgesetz muss der Urlaub im laufenden Kalenderjahr gewährt und genommen werden. Eine Übertragung des Urlaubs auf das nächste Kalenderjahr ist nur statthaft, wenn dringende betriebliche oder in der Person des Auszbildenden liegende Gründe. z. B. eine längere Krankheit, dies rechtfertigen.

Kann der Auszubildende den Urlaub bis zur Beendigung des Ausbildungsverhältnisses nicht mehr ganz nehmen, so hat der Ausbilder die nicht genommenen Urlaubstage finanziell abzugelten.

8.6 Was passiert, wenn der Ausbilder den Auszubildenden nicht vertragsgemäß ausbildet?

Zielgerichtete Ausbildung und Beschäftigung sind Hauptpflichten des Ausbilders gegenüber dem Auszubildenden vom ersten Tag der Berufsausbildung. Kommt der Ausbilder dieser Hauptpflicht nicht nach, kann der Ausbilder – juristisch gesehen – mit der Abnahme der Ausbildungsleistung in Verzug geraten. Erforderlich ist allerdings, dass der Auszubildende seinen Ausbildungs- und Tätigkeitseinsatz dem Ausbilder, wie im Ausbildungsvertrag vereinbart, angeboten hat, er also zum vereinbarten Zeitpunkt am vereinbarten Ort anwesend ist und seine Ausbildung absolvieren möchte.

Findet die Ausbildung nicht wie vereinbart statt, kann der Auszubildende zumindest eine vereinbarte Vergütung verlangen, obwohl er eventuell gar keine Ausbildungsleistung erbringt. Juristisch gesehen ist die Zeit, in der der Auszubildende aufgrund des Verschuldens des Ausbilders seine Leistung nicht erbringen kann, nicht nachholbar, so dass der Auszubildende nicht verpflichtet ist, die verstrichene Zeit am Ende der Ausbildung „dranzuhängen".

Viel bedeutsamer ist aber, dass der Auszubildende aufgrund einer Nichtbeschäftigung oder einer Falschbeschäftigung entgegen den Vereinbarungen im Ausbildungsvertrag die gewünschten beruflichen Fertigkeiten, Kenntnisse, Fähigkeiten oder beruflichen Erfahrungen nicht vermittelt bekommt. Das kann eventuell zu zusätzlichen Kosten führen.

Diese zusätzlichen Kosten kann der Auszubildende grundsätzlich im Rahmen eines Schadensersatzanspruchs nach § 280 Absatz 1 Bürgerliches Gesetzbuch gegenüber dem Ausbilder geltend machen.

8.7 Welche Ansprüche hat ein Auszubildender bei einer Betriebsstörung?

Eine Betriebsstörung fällt grundsätzlich in das des Arbeitgebers. Das Betriebsrisiko ist in § 615 Satz 3 Bürgerliches Gesetzbuch geregelt. Eine Betriebsstörung kann sich ergeben, wenn der Betrieb aus technischen Gründen, z.B. Stromausfall, keine Arbeitnehmer oder Auszubildende beschäftigen kann. Es handelt sich somit um eine unverschuldete Betriebsstörung, für die weder der Ausbilder, noch der Auszubildende verantwortlich sind. Dieses Betriebsrisiko trägt der Unternehmer als Ausbilder.

Folglich hat der Auszubildende, wenn eine Betriebsstörung vorliegt, auch dann einen Vergütungsanspruch, wenn:

- weder der Ausbilder noch der Auszubildende die Betriebsstörung zu vertreten haben und
- der Auszubildende seinen Ausbildungs- und Tätigkeitsansatz anbietet und der Ausbilder diesen aufgrund der Betriebsstörung nicht abrufen kann.

8.8 Welche rechtlichen Konsequenzen hat ein Arbeitsunfall während der Ausbildung?

Grundsätzliches

Im Arbeitsrecht sind die rechtlichen Konsequenzen eines Arbeitsunfalls im Sozialgesetzbuchs VII geregelt. Nach § 8 Absatz 1 Satz 2 Sozialgesetzbuch VII sind Arbeitsunfälle von Versicherten zeitlich begrenzte, von außen auf den Körper einwirkende Ereignisse, die zu einem Gesundheitsschaden oder zum Tod führen. Aus § 8 Absatz 2 Sozialgesetzbuch VII ergeben sich detailliert die versicherten Tätigkeiten des Arbeitnehmers, so z. B. das Zurücklegen des mit der versicherten Tätigkeit zusammenhängenden unmittelbaren Weges nach und von dem Ort der Tätigkeit.

Ausbildungsverhältnisse

Über § 10 Absatz 2 Berufsbildungsgesetz gelten die rechtlichen Regelungen des Sozialgesetzbuches VII auch für Ausbildungsverhältnisse. Folglich sind Auszubildende gegen Unfälle versichert, die im Rahmen des Ausbildungsverhältnisses während des Ausbildungs- und Tätigkeitseinsatzes passieren. Nach § 26 Absatz 1 Sozialgesetzbuch VII haben Versicherte, hier also Auszubildende nach Maßgabe der folgenden Vorschriften und unter Beachtung des Sozialgesetzbuches IX Anspruch auf Heilbehandlung einschließlich Leistungen zur medizinischen Rehabilitation sowie sonstige in § 26 Sozialgesetzbuch VII aufgeführte Leistungen. Somit haftet die gesetzliche Unfallversicherung für Schäden, die der Auszubildende selbst während seines Ausbildungs- und Tätigkeitseinsatzes beim Ausbilder erlitten hat. Die für den Betrieb des Ausbilders zuständige Berufsgenossenschaft ist die Trägerin der Unfallversicherung. Die Beitragszahlungen zur gesetzlichen Unfallversicherung hat alleine der Ausbilder vorzunehmen.

8.9 Ist bei einem Unfall des Auszubildenden eine Haftungsbeschränkung des Ausbilders möglich?

Nach § 104 Absatz 1 Sozialgesetzbuch VII sind Unternehmer den Versicherten, die für ihre Unternehmen tätig sind oder zu ihren Unternehmen in einer sonstigen die Versicherung begründeten Beziehung stehen, sowie deren Angehörigen und Hinterbliebenen nach anderen gesetzlichen Vorschriften zum Ersatz des Personenschaden, den ein Versicherungsfall verursacht hat, nur verpflichtet, wenn sie den Versicherungsfall vorsätzlich oder auf einem nach § 8, Absatz 2 Sozialgesetzbuch VII versicherten Weg herbeigeführt haben. Darin liegt eine bedeutende Haftungsbeschränkung des Ausbilders gegenüber dem Auszubildenden. Der Schaden aus einem Unfall des Auszubildenden im Betrieb des Ausbilders wird somit grundsätzlich von der gesetzlichen Unfallversicherung getragen. Voraussetzungen sind:

- Der Auszubildende muss bei der gesetzlichen Unfallversicherung versichert sein
- Bei dem Unfall des Auszubildenden muss es sich um einen Ausbildungs- und Beschäftigungsunfall handeln
- Die Haftungsbeschränkung des Ausbilders darf nicht, z. B. durch vorsätzliches Handeln, aufgehoben sein

Bei einem Unfall des Auszubildenden reguliert die gesetzliche Unfallversicherung nur einen Körperschaden; Schmerzensgeld im Sinne von § 253 Absatz 2 Bürgerliches Gesetzbuch wird durch die gesetzliche Unfallversicherung nicht bezahlt. Dazu ist aufgrund der Haftungsbeschränkung auch der Ausbilder nicht verpflichtet.

8.10 Ist bei einem Unfall während der Ausbildung eine Haftungsbeschränkung des Auszubildenden möglich?

Auch der Auszubildende kann während seiner Ausbildung einen Unfall hervorrufen, z. B. bei unachtsamen Verhalten gegenüber einem Arbeitnehmer des Betriebs, gegenüber einem anderen Auszubildenden oder einem Betriebsfremden.

Diesen Personen steht dann grundsätzlich ein Schadensersatzanspruch gegenüber dem Auszubildenden nach § 823, Absatz 1 Bürgerliches Gesetzbuch zu. Eine Haftungsbeschränkung des Auszubildenden ergibt sich aus § 105 Absatz 1 Sozialgesetzbuch VII. Darin sind Personen, die durch eine betriebliche Tätigkeit einen Versicherungsfall von Versicherten desselben Betriebs verursachen, diesen sowie deren Angehörigen und Hinterbliebenen nach anderen gesetzlichen Vorschriften zum Ersatz des Personenschadens nur verpflichtet, wenn sie den Versicherungsfall vorsätzlich oder auf einem nach § 8 Absatz 2 Sozialgesetzbuch VII versicherten Weg selbst herbeigeführt haben. Voraussetzungen für das Eingreifen der Haftungsbeschränkung durch die gesetzliche Unfallversicherung sind wiederum:

- Die durch den Unfall verletzte Person ist über die gesetzliche Unfallversicherung versichert
- Es muss ein Beschäftigungsunfall im Betrieb des Ausbilders vorliegen
- Es darf kein Grund vorliegen, z. B. vorsätzliches Handeln des Auszubildenden, der die Schadensregulierung der gesetzlichen Unfallversicherung einschränkt

Durch die Haftungsbeschränkung des Auszubildenden tritt eine Haftungsverlagerung auf die gesetzliche Unfallversicherung ein.

9. Kündigung des Ausbildungsverhältnisses

9.1 Wann kann ein Ausbildungsverhältnis ordentlich gekündigt werden?

Während der Probezeit

Während der Probezeit können Ausbilder wie Auszubildender den Ausbildungsvertrag nach § 22 Absatz 1 Berufsbildungsgesetz ordentlich kündigen. Zwar müssen die Vertragspartner keine Kündigungsfrist beachten. Und auch die Angabe von Kündigungsgründen kann unterbleiben. Es handelt sich nach Ansicht des Bundesarbeitsgerichts um eine ordentliche, allerdings entfristete Kündigung. Die Kündigung hat schriftlich zu erfolgen.

Nach Ablauf der Probezeit

Das Ausbildungsverhältnis kann nach Ablauf der Probezeit nur durch den Auszubildenden ordentlich gekündigt werden. § 22 Absatz 2 Nummer 2 Berufsbildungsgesetz regelt, dass der Auszubildende das Ausbildungsverhältnis mit einer Kündigungsfrist von vier Wochen kündigen kann, wenn er die Ausbildung aufgeben oder sich für eine andere Berufstätigkeit ausbilden lassen will. Zu weiteren Angaben zu etwaigen Kündigungsgründen ist der Auszubildende nicht verpflichtet.

Der Auszubildende hat nach § 22 Absatz 3 Berufsbildungsgesetz die Kündigung gegenüber dem Ausbilder schriftlich abzugeben. Sobald die Abgabe der Kündigungserklärung erfolgt ist, kann der Auszubildende diese nicht mehr widerrufen. Der Ausbilder muss allerdings von der Kündigungserklärung Kenntnis erlangt haben.

9.2 Wann kann ein Ausbildungsverhältnis außerordentlich gekündigt werden?

Vor der Probezeit

Ausbilder und Auszubildender können das Ausbildungsverhältnis schon vor Beginn der Ausbildung fristlos kündigen. Die Kündigung hat schriftlich zu erfolgen.

Beispiel:

Fall 1: Vor Beginn der Ausbildung hat der Auszubildende einen aus seiner Sicht attraktiveren Ausbildungsplatz in seiner Lieblingsbranche gefunden. Wenn die Ausbildung noch nicht begonnen hat, kann er diese fristlos kündigen.

Fall 2: Der Ausbilder hat negative Informationen über den zukünftigen Auszubildenden erhalten, etwa über mehrfach begangene schwere Straftaten. Wenn er den Bewerber aufgrund der Kenntnis dieser Informationen nicht mehr ausbilden will, kann er ihm fristlos kündigen.

Nach der Probezeit

Nach der Probezeit kann der Ausbilder das Ausbildungsverhältnis gemäß § 22 Absatz 2 Nummer 1 Berufsbildungsgesetz gegenüber dem Auszubildenden nur aus einem wichtigen Grund kündigen.

Als wichtige Gründe können gelten:

- Häufiges unentschuldigtes Fehlen oder Zuspätkommen, Arbeitsverweigerung
- Gewaltanwendung im Betrieb
- Verleumdung des Ausbilders.

9.3 Kann gegenüber einem Auszubildenden auch auf Verdacht gekündigt werden?

Unter ganz besonders strengen Voraussetzungen kann der Arbeitgeber einem Arbeitnehmer auf Verdacht kündigen, etwa bei Verdacht einer strafbaren Handlung oder einer schweren Verfehlung. Eine Verdachtskündigung gegenüber einem Auszubildenden wird von der Rechtsprechung und der Rechtsliteratur grundsätzlich abgelehnt.

Sie kann eventuell dann möglich sein, wenn der Auszubildende einen Verdacht, der zur fristlosen Kündigung durch den Ausbilder führen könnte, nicht ausräumt.

Zum anderen soll eine Verdachtskündigung gegenüber dem Auszubildenden rechtswirksam sein, wenn der Ausbildung ein besonderes Vertrauensverhältnis zugrunde liegt und der Verdacht das Vertrauensverhältnis der Vertragsparteien nachhaltig beschädigt

Beispiel:

Fall 1: Die Inhaberin des Juweliergeschäfts beschäftigt nur einen Auszubildenden. Seit Monaten fehlen immer wieder wertvolle Schmuckstücke.

Fall 2: Der Arzt beschäftigt nur eine Auszubildende. Mehrfach verschwinden verschreibungspflichtige Medikamente.

9.4 Wann besteht für den Auszubildenden ein Kündigungsschutz?

Bei Betriebsübergang

Die Kündigung des Ausbildungsverhältnisses durch den Ausbilder ist unwirksam, wenn sie gegen ein gesetzliches Verbot verstößt. In § 613a Bürgerliches Gesetzbuch ist ein solches gesetzliches Verbot geregelt: Geht ein Betrieb oder Betriebsteil durch Rechtsgeschäft auf einen anderen Inhaber über, so tritt dieser in die Rechte und Pflichten aus den im Zeitpunkt des Übergangs bestehenden Arbeitsverhältnissen ein. Dazu zählen auch Ausbildungsverhältnisse. Daher hat ein zukünftiger neuer Inhaber eines Betriebs das Ausbildungsverhältnis mit dem Auszubildenden ohne Einschränkungen fortzuführen.

Bei einer Sittenwidrigkeit gemäß § 138 Bürgerliches Gesetzbuch

Des Weiteren ist die Kündigung des Ausbilders gegenüber einem Auszubildenden nichtig, wenn eine solche Kündigung gegen die guten Sitten verstößt.

Beispiel:

Der Ausbilder verlangt vom Auszubildenden, dass dieser eine strafbare Handlung begeht. Der Auszubildende weigert sich jedoch, der Anweisung Folge zu leisten und erhält deshalb die Kündigung. Die Kündigung ist nichtig, da der Kündigungsgrund gemäß § 138 Bürgerliches Gesetzbuch gegen die guten Sitten verstößt.

10. Sonstige Beendigungsgründe für ein Berufsausbildungsverhältnis

10.1 Kann ein Ausbildungsvertrag angefochten werden?

Wird ein Rechtsgeschäft, z.B. ein Ausbildungsvertrag, wirksam angefochten, dann sieht die Situation, juristisch gesehen, so aus, als ob der Vertrag nie zustande gekommen wäre.

Anfechtung durch den Ausbilder

Der Ausbilder kann den Vertrag aus zwei Gründen anfechten:

1. Irrtum über eine verkehrswesentliche Eigenschaft des Auszubildenden nach § 119 Absatz 2 Bürgerliches Gesetzbuch
2. Aufgrund einer arglistigen Täuschung des Auszubildenden nach § 123 Absatz 1,1. Alternative Bürgerliches Gesetzbuch

Der Ausbilder irrt sich dann über eine verkehrswesentliche Eigenschaft des Auszubildenden, wenn er davon ausgeht, dass der Auszubildende vor Beginn der Ausbildung z.B. bereits ein zielgerichtetes Praktikum absolviert hat. Eine verkehrswesentliche Eigenschaft kann auch die Note einer Prüfung sein, von der der Ausbilder ausgeht, dass der Auszubildende diese Note, z.B. bei einer Fremdsprachenprüfung, erzielt hat.

Arglistig getäuscht wird der Ausbilder vom Auszubildenden, wenn der Auszubildende absichtlich beim Ausbilder eine Fehlvorstellung hervorruft, welche den Ausbilder dazu veranlasst, mit dem Auszubildenden einen Berufsausbildungsvertrag abzuschließen, z.B. die Vorlage eines gefälschten Zeugnisses.

Erforderlich ist, dass der Ausbilder gegenüber dem Auszubildenden die Anfechtung fristgemäß erklärt. Handelt es sich um eine Anfechtung aufgrund des Irrtums über eine verkehrswesentliche Eigenschaft, ist der Ausbilder verpflichtet, die Anfechtungserklärung unverzüglich abzugeben, d.h. nach Kenntnisnahme des Irrtums. Ist der Ausbilder absichtlich getäuscht worden, braucht er nicht unverzüglich die Anfechtung zu erklären sondern kann die arglistige Täuschungshandlung während der Dauer der Ausbildung überprüfen. Sinnvoll ist aber auch bei der Anfechtung wegen arglistiger Täuschung eine zeitnahe Anfechtungserklärung gegenüber dem Auszubildenden.

Hat der Ausbilder den Berufsausbildungsvertrag rechtswirksam angefochten, ist der Vertrag mit dem Auszubildenden nach § 142 Bürgerliches Gesetzbuch von Anfang an nichtig. Der Vertrag wird also so behandelt, als wenn er zwischen den beiden Vertragsparteien nie geschlossen worden wäre.

Anfechtung durch den Auszubildenden

Auch der Auszubildende kann den Berufsausbildungsvertrag wirksam anfechten. Denkbar ist als Anfechtungsgrund die arglistige Täuschung des Ausbilders gegenüber dem Auszubildenden nach § 123 Absatz 1 Bürgerliches Gesetzbuch. Spiegelt der Ausbilder z.B. im Sinne von § 28 Absätze 2, 3 Berufsbildungsgesetz eine persönliche und fachliche Eignung für die im Betrieb zu erfolgende Berufsausbildung nur vor, obwohl er über diese Eignung gar nicht verfügt, ruft der Ausbilder gegenüber dem Auszubildenden einen Irrtum hervor, dass er imstande ist, die Berufsausbildung ordnungsgemäß durchführen zu können. Das ist aber nicht der Fall.

10.2 Was passiert, wenn entweder der Ausbilder oder der Auszubildende sterben?

Tod des Ausbilders

Verstirbt der Ausbilder, wird das Berufsausbildungsverhältnis dadurch nicht beendet. So wie die Erben nach §§ 1922, 1967 Bürgerliches Gesetzbuch im Wege der Gesamtrechtsnachfolge in die Rechte und Pflichten des verstorbenen Arbeitgebers eintreten, gilt dasselbe auch für Ausbildungsverhältnisse im Betrieb. Im Arbeitsrecht ist es denkbar, dass ausnahmsweise Arbeitsverhältnisse, welche in einem sehr persönlichen Verhältnis zum verstorbenen Arbeitgeber stehen, so z. B. der Privatchauffeur oder die Privatsekretärin, ab dem Todeszeitpunkt des Arbeitgebers beendet sind. Ein solches, spezielles Vertrauensverhältnis ist aber zwischen dem Ausbilder und dem Auszubildenden kaum denkbar, so dass diese spezielle arbeitsrechtliche Regelung auf Berufsausbildungsverhältnisse nicht anwendbar ist. Das Berufsausbildungsverhältnis bleibt folglich vom Tod des Ausbilders unberührt.

Tod des Auszubildenden

Haben ein Ausbilder und der Auszubildende einen Berufsausbildungsvertrag geschlossen, ist der Auszubildende verpflichtet, den Ausbildungs- und Tätigkeitseinsatz höchstpersönlich zu erbringen, denn bei einer Berufsausbildung kommt es ja gerade darauf an, dass logischerweise der Auszubildende selbst und nicht ein Vertreter die beruflichen Fertigkeiten, Kenntnisse, Fähigkeiten oder berufliche Erfahrungen sammelt. Somit erlischt das Berufsausbildungsverhältnis beim Tod des Auszubildenden.

10.3 Was passiert bei einem Inhaberwechsel des Ausbildungsunternehmens?

Der Betriebsübergang auf einen neuen Inhaber kommt bei Unternehmen häufig vor. Ein Betriebsübergang auf einen neuen Inhaber kann z. B. dann vollzogen werden, wenn der Ausbildungsvertrag zwischen dem alten Inhaber als Ausbilder und dem Auszubildenden zwar schon geschlossen, das Ausbildungsverhältnis aber noch nicht begonnen hat. Andererseits kann sich der Inhaberwechsel exakt während der Ausbildung vollziehen. Rechtlich zu unterscheiden ist, ob der Betriebsübergang an einen neuen Inhaber entweder durch Rechtsgeschäft, z. B. durch Verkauf des Unternehmens oder durch Gesetz, im Rahmen eines Erbfalls geschieht.

Betriebsübergang durch Rechtsgeschäft

Verkauft der Inhaber des Unternehmens den Betrieb an einen neuen Inhaber, regelt § 613a BGB die Rechte und Pflichten beim Betriebsübergang. Grundsätzlich gilt nach § 613a, Absatz 1 BGB, dass der neue Inhaber in die Rechte und Pflichten aus den im Zeitpunkt des Betriebsübergangs bestehenden Arbeitsverhältnisse, also auch der Ausbildungsverhältnisse eintritt. Der neue Inhaber des Betriebs wird somit der neue Ausbilder des Auszubildenden.

Betriebsübergang per Gesetz

Stirbt der Inhaber und Ausbilder des Betriebs, treten üblicherweise die Erben nach §§ 1922, 1967 BGB die Gesamtrechtsnachfolge des Erblassers, d.h. des verstorbenen Ausbilders an, es sei denn, im Gesellschaftsvertrag des Unternehmens findet sich eine andere Nachfolgeregelung.

10.4 Was passiert bei Insolvenz des Ausbildungsunternehmens?

Eine Insolvenz des Unternehmens besteht dann, wenn das Unternehmen entweder zahlungsunfähig oder überschuldet ist. Der Ausbilder kann folglich keine Rechnungen mehr bezahlen.

Die Insolvenz des Betriebs vom Ausbilder führt grundsätzlich nicht zu einer Beendigung des Ausbildungsverhältnisses. Denn nach § 113 Insolvenzordnung ist der eingesetzte Insolvenzverwalter verpflichtet, gegenüber Arbeitnehmern, somit auch gegenüber Auszubildenden, das Arbeitsverhältnis bei Insolvenz des Unternehmens zu kündigen. Die Kündigungsfrist beträgt bei Arbeitnehmern drei Monate zum Monatsende, wenn nicht eine kürzere Frist maßgeblich ist.

Befindet sich der Auszubildende noch in der Probezeit, gilt im Sinne von § 22 Absatz 1 Berufsbildungsgesetz, dass das Ausbildungsverhältnis jederzeit ohne Einhalten einer Kündigungsfrist gekündigt werden kann. Folglich kann der Insolvenzverwalter den Auszubildenden, welcher sich noch in der Probezeit befindet, ohne Einhalten einer Kündigungsfrist kündigen. Ist die Probezeit bereits verstrichen, gilt auch bei Ausbildungsverhältnissen eine Kündigungsfrist von drei Monaten.

Besonderheit im Insolvenzfall ist, dass der Insolvenzverwalter gegenüber dem Auszubildenden nach Ablauf der Probezeit eine ordentliche Kündigung nach § 113 Insolvenzordnung aussprechen kann, während dem Ausbilder ein ordentliches Kündigungsrecht des Auszubildenden nach § 22 Berufsbildungsgesetz nach der Probezeit nicht zusteht. Kündigt der Insolvenzverwalter das Ausbildungsverhältnis, kann der Auszubildende wegen der vorzeitigen Beendigung des Ausbildungsverhältnisses eventuell als Insolvenzgläubiger Schadensersatz verlangen.

10.5 Wann endet das Ausbildungsverhältnis normalerweise?

§ 21 Berufsbildungsgesetz regelt die Beendigung des Ausbildungsverhältnisses. Das Ausbildungsverhältnis endet grundsätzlich mit dem Ablauf der Ausbildungszeit. Im Fall der Stufenausbildung endet es mit dem Ablauf der letzten Stufe.

Das Ausbildungsverhältnis ist somit ein befristetes Vertragsverhältnis. Die Dauer der Ausbildung regelt die jeweilige Ausbildungsordnung.

Besteht der Auszubildende vor Ablauf der Ausbildungszeit die Abschlussprüfung, so endet das Ausbildungsverhältnis mit Bekanntgabe des Ergebnisses durch den Prüfungsausschuss.

Wenn der Auszubildende die Abschlussprüfung nicht besteht, verlängert sich das Ausbildungsverhältnis auf sein Verlangen bis zur nächstmöglichen Wiederholungsprüfung, allerdings höchstens um ein Jahr. Notwendige Voraussetzung ist, dass der Auszubildende unverzüglich nach Kenntnis des Nichtbestehens der Prüfung sein Verlangen auf Weiterbeschäftigung bzw. Weiterausbildung gegenüber dem Ausbilder erklärt.

i Das Ausbildungsverhältnis endet grundsätzlich mit dem Ablauf der Ausbildungszeit, also nach der Abschlussprüfung.

10.6 Was passiert, wenn der Auszubildende die Abschlussprüfung nicht besteht?

Das Ausbildungsverhältnis endet durch Zeitablauf. Es kommt nicht darauf an, ob der Auszubildende die Abschlussprüfung bestanden hat oder nicht. § 21 Absatz 3 Berufsbildungsgesetz gewährt dem Auszubildenden aber einen Anspruch auf Weiterbeschäftigung im Betrieb des Ausbilders. Erforderlich ist allerdings die Erklärung des Auszubildenden gegenüber dem Ausbilder, dass er bis zum nächstmöglichen Abschlussprüfungstermin weiterbeschäftigt und weiter ausgebildet werden möchte. Spätestens ein Jahr nach Äußerung des Wunsches auf Weiterbeschäftigung ist die Ausbildungszeit endgültig abgeschlossen. Daran ändert auch das erneute Nichtbestehen der Prüfung nichts, wenn die Jahresfrist abgelaufen ist.

Akzeptiert der Auszubildende das Nichtbestehen der Abschlussprüfung nicht, kann er die Entscheidung über das Nichtbestehen der Abschlussprüfung gerichtlich beim zuständigen Verwaltungsgerichtüberprüfen lassen.

i

Besteht der Auszubildende die Abschlussprüfung nicht, hat er grundsätzlich gemäß § 21 Absatz 3 Berufsbildungsgesetz einen Anspruch auf Weiterbeschäftigung im selben Betrieb bis zum nächstmöglichen Termin der Abschlussprüfung. Allerdings muss er dem Ausbilder gegenüber diesen Wunsch klar äußern.

10.7 Welche Pflichten hat der Ausbilder am Ende der Ausbildung?

Die wichtigste Pflicht des Ausbilders gegenüber dem Auszubildenden am Ende der Ausbildung ist, ein schriftliches Zeugnis über die Zeit der Berufsausbildung auszustellen. Den Anspruch des Auszubildenden gegenüber dem Ausbilder auf ein schriftliches Zeugnis nach Abschluss der Berufsausbildung regelt § 16 Berufsbildungsgesetz.

Das Zeugnis muss mindestens folgende Angaben enthalten:

- Art der Ausbildung
- Dauer der Ausbildung
- Ziel der Ausbildung
- Erlangte berufliche Fertigkeiten, Kenntnisse und Fähigkeiten

Auf Verlangen des Auszubildenden kann das Zeugnis weitere Angaben zu seiner Leistung und zu seinem Verhalten beinhalten.

Formulierung des Zeugnisses

Der Inhalt des Zeugnisses muss klar formuliert sein und der Wahrheit entsprechen, es darf den Auszubildenden weder zu sehr loben, noch dürfen kritische Äußerungen über das Verhalten und die Leistung des Auszubildenden den gesamten Ton des Zeugnisses beeinflussen. Die Arbeitsgerichte haben in Urteilen immer wieder darauf hingewiesen, dass das Zeugnis wohlwollend abgefasst werden soll. Allerdings braucht der Ausbilder wahre Tatsachen, die in Bezug auf den Auszubildenden im Zeugnis auch einen eher ungünstigeren Eindruck hinterlassen können, nicht zu verschweigen.

So hat das Bundesarbeitsgericht entschieden, dass ein Arbeitgeber im Zeugnis eines Arbeitnehmers darauf hinweisen darf, dass die Arbeitstätigkeit durch eine länger andauernde Krankheit in einem hohen zeitlichen Maß unterbrochen worden ist, wenn diese Unterbrechung mehr als die Hälfte der gesamten Arbeitszeit umfasst. Diese Ansicht kann auch auf ein Zeugnis aus einem Ausbildungsverhältnis vertreten werden, wenn der Auszubildende länger als die Hälfte der Zeit der Ausbildung aus Krankheitsgründen nicht in der Lage war, seiner Ausbildung während der Berufsausbildungszeit nachzukommen.

Unzufriedenheit mit dem Zeugnis

Ist der Auszubildende mit den Zeugnisformulierungen nicht zufrieden, hat er das Recht, mit dem Ausbilder ausführlich über die Formulierungen zu sprechen. Ist das Zeugnis eindeutig unrichtig, steht ihm theoretisch sogar der Klageweg zu, ein richtiges Zeugnis zu erhalten.

Ergibt sich aus dem Zeugnis für den Auszubildenden nur eine durchschnittliche Leistung, und ist der Auszubildende mit dem Zeugnis nicht zufrieden, so hat er zu beweisen, dass seine Leistung besser als durchschnittlich war. Geht aus dem Zeugnis hervor, dass der Auszubildende eine unterdurchschnittliche Leistung abgeliefert hat, und ist der Auszubildende mit diesen Formulierungen nicht zufrieden, hat in diesem Fall der Ausbilder zu beweisen, dass der Auszubildende eine unterdurchschnittliche Leistung während der Zeit der Berufsausbildung erbracht hat.

10.8 Welche Pflichten hat der Auszubildende am Ende der Ausbildung?

Herausgabepflicht

Nach Beendigung der Berufsausbildung hat der Auszubildende dem Ausbilder alle ihm zur Erreichung des Ausbildungszwecks überlassenen Vermögenswerte wie z.B. Werkzeug, Laptop oder Handy oder Geschäftsunterlagen herauszugeben, üblicherweise am letzten Tag der Berufsausbildung.

Verschwiegenheitspflicht

Nach Beendigung der Berufsausbildung hat der Auszubildende die unbedingte Pflicht, über Geschäfts- und Betriebsgeheimnisse des Ausbilders, über die er während der Zeit der Berufsausbildung Kenntnis erlangt hatte, absolutes Stillschweigen zu bewahren. Aller-dings muss es dem Auszubildenden gestattet sein, bis zu einem gewissen Maß die erworbenen beruflichen Fertigkeiten, Kenntnisse, Fähigkeiten bzw. beruflichen Erfahrungen im Rahmen eines späteren Arbeitsverhältnisses zu nutzen.

Ausgleichsquittung

Eventuell hat der Auszubildende gegenüber dem Ausbilder eine Ausgleichsquittung, d.h. eine Verzichtserklärung zu unterschreiben. Aus dieser Verzichtserklärung kann hervorgehen, dass der Auszubildende gegenüber dem Ausbilder keine vermögensrechtlichen Ansprüche mehr hat. Diese können dann am Ende der Berufsausbildung existieren, wenn der Auszubildende während der Berufsausbildung nicht alle vereinbarten Urlaubstage nehmen konnte. Das Bundesurlaubsgesetz, auf Ausbildungsverhältnisse anwendbar, sieht in § 7, Absatz 3 Bundesurlaubsgesetz den Anspruch vor, dass nicht genommene Urlaubstage finanziell abzugelten sind.

11. Besonderer Arbeitsschutz

11.1 Was versteht man rechtlich unter „Besonderem Arbeitsschutz“?

Unter dem Begriff „Besonderer Arbeitsschutz“ fallen insbesondere Gesetze, die spezielle Arbeitnehmergruppen schützen, z. B. das Mutterschutzgesetz oder das Jugendarbeitsschutzgesetz. Außerdem werden auch Arbeitsgesetze als besondere Arbeitsschutzrechte verstanden, welche für alle Arbeitnehmerinnen und Arbeitnehmer gelten, so z. B. das Arbeitszeitgesetz, das Arbeitsplatzschutzgesetz sowie die verschiedenen Sozialgesetzbücher. Auch auf Berufsausbildungsverhältnisse sind die Gesetze, die den besonderen Arbeitsschutz begründen, anwendbar.

Eigentlich ist Arbeitsschutz eher öffentliches Recht, d. h. das öffentliche Normen, etwa zum Betriebsschutz, dazu führen, dass im Betrieb hohe Auflagen zum Gesundheitsschutz bestehen, z.B. wenn im Betrieb mit gesundheitsgefährdenden Stoffen, bei hohem Lärm oder für einen bestimmten Zeitraum mit äußerst langer Arbeitszeit pro Tag gearbeitet werden muss. Davon können auch Auszubildende betroffen sein. Hält sich der Ausbilder nicht an die ihm und seinem Betrieb erlassenen Auflagen, kann er sich bei einer Gesundheitsgefährdung des Auszubildenden unter Umständen schadensersatzpflichtig machen und einem Strafverfahren aussetzen.

11.2 Wer ist im Betrieb für den Arbeitsschutz verantwortlich?

Verschiedene Personen bzw. Personengruppen sind in einem Betrieb für die Einhaltung des Arbeitsschutzes verantwortlich, so der Arbeitgeber = der Ausbilder, daneben z. B. Arbeitnehmer oder der Betriebsrat, evtl. auch externe Dritte mit besonderer Sachkunde.

Verantwortliche für den Arbeitsschutz im Betrieb sind:

- Arbeitgeber
- Arbeitnehmer
- Betriebsrat
- Sicherheitsbeauftragte in Betrieben mit mehr als zwanzig Beschäftigten
- Externe Sicherheitsingenieure bzw. -techniker
- Betriebsärzte
- Datenschutzbeauftragte
- Gewerbeaufsichtsamt bzw. staatliches Amt für Arbeitsschutz
- Schwerbehindertenbeauftragte
- Immissionsschutzbeauftragte
- Berufsgenossenschaften
- Technischer Überwachungsverein als Überwachungsstelle.

12. Sozialversicherungsrecht für Auszubildende

12.1 Kranken- , Renten-, Pflege- und Arbeitslosenversicherung

Für Auszubildende besteht in allen Sparten der Sozialversicherung eine gesetzliche Pflichtversicherung. So ist der Auszubildende nach § 2 Absatz 2 Nummer 1 Sozialgesetzbuch IV, § 5 Absatz 1 Nummer 1 Sozialgesetzbuch V krankenversichert. Die Rentenversicherung des Auszubildenden ergibt sich aus § 1 Satz 1 Nummer 1 Sozialgesetzbuch IV. Der Auszubildende ist pflegeversichert nach § 20 Absatz 1 Nummer 12 Sozialgesetzbuch XI. Die Arbeitslosenversicherung besteht für den Auszubildenden nach § 25 Absatz 1 Sozialgesetzbuch III.

Die Beiträge für die Krankenversicherung, für die Rentenversicherung, für die Pflegeversicherung und für die Arbeitslosenversicherung haben Ausbilder und Auszubildender jeweils zur Hälfte aufzubringen. Beträgt die Vergütung für den Auszubildenden weniger als 325,- € pro Monat, ist der Ausbilder verpflichtet, die Beiträge zu den obigen Versicherungen zugunsten des Auszubildenden alleine zu entrichten.

i

Für Auszubildende, die aktuell eine Vergütung von mehr als 325,- € pro Monat erhalten, besteht in allen Sparten der Sozialversicherung Versicherungspflicht.

12.2 Unfallversicherung

Der Auszubildende ist nach § 2 Absatz 1 Nummer 2 Sozialgesetzbuch VII auch in der gesetzlichen Unfallversicherung versichert.

Die gesetzliche Unfallversicherung greift zugunsten des Auszubildenden nach § 105 Absatz 1 Satz 1 Sozialgesetzbuch VII dann ein, wenn er durch eine betriebliche Tätigkeit einen Versicherungsfall von Versicherten desselben Betriebs verursacht und diesen sowie deren Angehörigen und Hinterbliebenen nach anderen gesetzlichen Vorschriften zum Ersatz des Personenschadens nur verpflichtet ist, wenn er den Versicherungsfall vorsätzlich oder auf einem nach § 8 Absatz 2 Nummern 1 bis 4 Sozialgesetzbuch VII versicherten Weg herbeigeführt hat.

Den Beitrag zur Versicherung des Auszubildenden in der gesetzlichen Unfallversicherung hat der Ausbilder alleine zu bezahlen.

13. Schadensersatz bei vorzeitiger Beendigung der Ausbildung

Ein Schadensersatzanspruch kann sich bei vorzeitiger Beendigung der Ausbildung nach der Probezeit gemäß § 23 Absatz 1 Berufsbildungsgesetz für den Ausbilder oder den Auszubildenden ergeben, wenn die andere Person den Grund der Auflösung zu vertreten hat.

Erforderlich ist ein sogenannter Auflösungsschaden. Dieser liegt beim Auszubildenden dann vor, wenn er sich neu bewerben muss, er Mehrkosten bei einem neuen Berufsausbildungsverhältnis durch höhere Fahrtkosten hat oder er im neuen Ausbildungsverhältnis weniger verdient.

Der Ausbilder kann dagegen ebenfalls Kosten für ein neues Bewerbungsverfahren, z. B. Inserats- und Portokosten, aber auch den zusätzlichen Arbeitsaufwand als Schadensersatzanspruch geltend machen.

Der Schadensersatzanspruch bei vorzeitiger Beendigung erlischt nach § 23 Absatz 2 Berufsbildungsgesetz, wenn er nicht innerhalb von drei Monaten nach Beendigung des Berufsausbildungsverhältnisses geltend gemacht wird.

Der Auszubildende muss allerdings dann keinen Schadensersatz bezahlen, wenn er nach § 22 Absatz 2 Nummer 2 Berufsbildungsgesetz das Ausbildungsverhältnis mit einer Frist von vier Wochen kündigt, weil er entweder die Berufsausbildung aufgeben oder sich für eine andere Berufstätigkeit ausbilden lassen will.

14. Eignung der Ausbildungsstätte und des Ausbilders

14.1 Wann ist ein Betrieb für die Berufsausbildung geeignet?

Nach § 27 Absatz 1 Berufsbildungsgesetz dürfen Auszubildende nur eingestellt und ausgebildet werden, wenn die Ausbildungsstätte nach Art und Einrichtung für die Berufsausbildung geeignet ist und die Zahl der Auszubildenden in einem angemessenen Verhältnis zur Zahl der Ausbildungsplätze oder zur Zahl der beschäftigten Fachkräfte steht, es sei denn, das anderenfalls die Berufsausbildung nicht gefährdet wird.

Eine Ausbildungsstätte, in der die erforderlichen beruflichen Fertigkeiten, Kenntnisse und Fähigkeiten nicht im vollen Umfang vermittelt werden können, gilt als geeignet, wenn diese durch Ausbildungsmaßnahmen außerhalb der Ausbildungsstätte vermittelt werden.

Für die Berufsausbildung in den Berufen der Landwirtschaft, der ländlichen Hauswirtschaft bzw. der allgemeinen Hauswirtschaft ist eine Ausbildungsstätte nach Art und Einrichtung nur geeignet, wenn sie von der nach Landesrecht jeweils zuständigen Behörde als Ausbildungsstätte anerkannt ist.

14.2 Wann ist der Ausbilder geeignet?

Nach § 28 Berufsbildungsgesetz darf Auszubildende nur einstellen, wer persönlich und fachlich geeignet ist.

Persönliche Eignung

Persönlich nicht geeignet ist nach § 29 Berufsbildungsgesetz insbesondere, wer Kinder und Jugendliche nicht beschäftigen darf oder wiederholt oder schwer gegen dieses Gesetz oder die aufgrund dieses Gesetzes erlassenen Vorschriften und Bestimmungen verstoßen hat.

Fachliche Eignung

Fachlich geeignet ist nach § 30 Berufsbildungsgesetz, wer die beruflichen sowie die berufs- und arbeitspädagogischen Fertigkeiten, Kenntnisse und Fähigkeiten besitzt, die für die Vermittlung der Ausbildungsinhalte erforderlich sind. Diese erforderlichen Fertigkeiten, Kenntnisse und Fähigkeiten besitz, wer entweder:

- die Abschlussprüfung in einer dem Ausbildungsberuf entsprechenden Fachrichtung bestanden hat
- eine anerkannte Prüfung an einer Ausbildungsstätte oder vor einer Prüfungsbehörde oder eine Abschlussprüfung an einer staatlichen oder staatlich anerkannten Schule in einer dem Ausbildungsberuf entsprechenden Fachrichtung bestanden hat
- oder eine Abschlussprüfung an einer deutschen Hochschule in einer dem Ausbildungsberuf entsprechenden Fachrichtung bestanden hat

Alle Ausbilder müssen eine angemessene Zeit in ihrem Beruf tätig gewesen sein.

14.3 Wer überwacht die persönliche und fachliche Eignung des Ausbilders?

Nach § 32 Berufsbildungsgesetz hat die für die jeweilige Ausbildung zuständige Stelle darüber zu wachen, dass die Eignung der Ausbildungsstätte sowie die persönliche und fachliche Eignung vorliegen. Die Eignung der Ausbildungsstätte sowie die persönliche und fachliche Eignung sind vor Beginn einer ersten Ausbildung, und sonst fortlaufend zu prüfen.

So sind Ausbildende sowie sonstige Anbieter von Maßnahmen der Berufsausbildung nach § 76 Absatz 2 Berufsbildungsgesetz verpflichtet, auf Verlangen der jeweils zuständigen Behörde die für die Überwachung notwendigen Auskünfte zu erteilen und Unterlagen vorzulegen sowie die Besichtigung der Ausbildungsstätte zu gestatten.

Werden bei der Überwachung Mängel der Eignung festgestellt, so hat die zuständige Stelle, falls der Mangel zu beheben und eine Gefährdung Auszubildender nicht zu erwarten ist, Ausbildende aufzufordern, innerhalb einer von ihr gesetzten Frist den Mangel zu beseitigen.

Ist der Mangel der Eignung nicht zu beheben oder ist eine Gefährdung Auszubildender zu erwarten oder wird ein festgestellter Mangel nicht innerhalb der gesetzten Frist beseitigt, so hat die zuständige Stelle dies der nach Landesrecht zuständigen Behörde mitzuteilen.

15. Abschlussprüfung

Nach § 37 Berufsbildungsgesetz sind in den anerkannten Ausbildungsberufen Abschlussprüfungen durchzuführen. Die Abschlussprüfung kann im Falle des Nichtbestehens zwei Mal wiederholt werden.

Durch die Abschlussprüfung ist festzustellen, ob der Prüfling die berufliche Handlungsfähigkeit erworben hat. In ihr soll der Prüfling nachweisen, dass er die erforderlichen beruflichen Fertigkeiten beherrscht, die notwendigen beruflichen Kenntnisse und Fähigkeiten besitzt und mit dem im Berufsschulunterricht zu vermittelnden, für die Berufsausbildung wesentlichen Lehrstoff vertraut ist.

Dem Prüfling ist ein Zeugnis auszustellen. Dem Zeugnis ist auf Antrag des Auszubildenden eine englischsprachige und eine französischsprachige Übersetzung beizufügen. Außerdem kann auf Antrag des Auszubildenden das Ergebnis berufsschulischer Leistungsfeststellungen auf dem Zeugnis ausgewiesen werden.

16. Tarifvertragsrecht

16.1 Welche Voraussetzungen muss ein wirksamer Tarifvertrag haben?

Das Tarifvertragsgesetz regelt das Tarifrecht. Nach § 1 Tarifvertragsgesetz regelt der Tarifvertrag die Rechte und Pflichten der Tarifvertragsparteien. Er und enthält Rechtsnormen, die den Inhalt, den Abschluss und die Beendigung von Arbeitsverhältnissen sowie betriebliche und betriebsverfassungsrechtliche Fragen ordnen können.

Tariffähigkeit

Erste Voraussetzung für einen wirksamen Tarifvertrag ist, dass die Vertragsparteien tariffähig sein müssen, sie also einen Tarifvertrag abschließen dürfen. Nach § 2 Tarifvertragsgesetz sind Tarifvertragsparteien Gewerkschaften, einzelne Arbeitgeber sowie Vereinigungen von Arbeitgebern. Auch Zusammenschlüsse von Gewerkschaften oder Vereinigungen von Arbeitgebern, sogenannte Spitzenorganisationen, können im Namen der ihnen angeschlossenen Verbände Tarifverträge wirksam abschließen, wenn sie eine entsprechende Vollmacht haben. Der Abschluss der Tarifverträge muss allerdings zu deren satzungsgemäßen Aufgaben gehören.

Tarifzuständigkeit

Zweite Voraussetzung ist, dass die Tarifparteien tarifzuständig sind. Das bedeutet, dass z.B. die Industriegewerkschaft Metall nicht im Bereich Nahrung, Genuss und Gaststätten tarifzuständig ist. Die Tarifzuständigkeit auf Seiten der Arbeitnehmer betrifft dort die Gewerkschaft, Nahrung, Genuss, Gaststätten, NGG. Die Zuständigkeit ergibt sich aus der Satzung der jeweiligen Gewerkschaft bzw. des jeweiligen Verbandes.

16.2 Welche Arten von Tarifverträgen gibt es?

Bei Tarifverträgen unterscheidet man zwischen zwei großen Arten. Zum einen kommt es darauf an, welche Parteien den Tarifvertrag abgeschlossen haben; zum anderen gibt es, auf den Inhalt bezogen, unterschiedliche Tarifverträge.

Parteibezogene Tarifverträge

- Verbandstarifvertrag

Handelt es sich um einen Verbandstarifvertrag, schließt auf der einen Seite eine Gewerkschaft als Tarifvertragspartner und auf der anderen Seite ein Arbeitgeberverband als Tarifvertragspartner den Tarifvertrag ab.

- Firmentarifvertrag

Das Tarifrecht lässt in § 2 Absatz 1 Tarifvertragsgesetz auch den Abschluss eines Firmentarifvertrags zu. Auf der einen Seite schließt wiederum die Gewerkschaft als Tarifvertragspartner den Tarifvertrag ab, auf der anderen Seite ein einzelner Arbeitgeber als Tarifvertragspartei. Ein Firmentarifvertrag kommt eher selten vor. Es handelt sich meistens um größere Unternehmen, wie z.B. die Volkswagen AG oder die Daimler AG, die mit der zuständigen Gewerkschaft, hier mit der Industriegewerkschaft Metall einen Firmentarifvertrag abschließen.

Inhaltsbezogene Tarifverträge

- Lohn- und Gehaltstarifvertrag

Schließen die Tarifvertragsparteien, üblicherweise Gewerkschaft und Arbeitgeberverband, einen Lohn- und Gehaltstarifvertrag ab, bilden grundsätzlich finanzielle Vereinbarungen die Grundlage für den Tarifvertrag.

- Rahmen- oder Manteltarifvertrag

Die Tarifpartner eines Tarifvertrags, üblicherweise Gewerkschaft und Arbeitgeberverband, schließen dann einen Rahmen- oder Manteltarifvertrag ab, wenn sie Vereinbarungen für einen längeren Zeitraum, etwa für drei Jahre festschreiben wollen. Dazu zählen z.B. Regelungen über die Erhöhung von Urlaubstagen, eine kürzere Wochenarbeitszeit oder längere Pausen bei der Schicht- und Nachtarbeit.

16.3 Gelten tarifvertragliche Regelungen auch für Auszubildende?

Der Tarifvertrag enthält Rechtsnormen, die den Inhalt, den Abschluss und die Beendigung von Arbeitsverhältnissen regeln. Diese Rechtsnormen gelten nach § 4 Tarifvertragsgesetz unmittelbar und zwingend zwischen den beiderseits Tarifgebundenen, also z.B. einer Gewerkschaft und einem Arbeitgeberverband. Gewerkschaft und Arbeitgeberverband haben nach Abschluss eines Tarifvertrags dafür zu sorgen, dass ihre Mitglieder, Arbeitnehmer und Arbeitgeber, diese Rechtsnormen beachten. Dazu zählen auch die Auszubildenden.

So können Regelungen aus einem Lohn- und Gehaltstarifvertrag oder aus einem Manteltarifvertrag, etwa Regelungen über eine Verlängerung der Arbeitszeit oder ein größerer Urlaubsanspruch auf Berufsausbildungsverträge Anwendung finden.

Die Regelungen eines Tarifvertrags gelten für alle Arbeitnehmer und Arbeitgeber, sowie für alle Auszubildende.

17. Arbeitskampf

17.1 Welche rechtlichen Grundlagen hat ein Arbeitskampf?

Ein Arbeitskampf entsteht, wenn sich die Tarifvertragsparteien, üblicherweise Gewerkschaft und Arbeitgeberverband, im Rahmen von Tarifauseinandersetzungen letztendlich nicht einigen können. Der Arbeitskampf darf auf Seiten der Arbeitnehmer nicht von einzelnen Arbeitsnehmern sondern nur kollektiv, d. h. von einer Gewerkschaft organisiert und durchgeführt werden. Mit einem Streik, ob Warnstreik oder endgültigem Streik, möchte die Arbeitnehmerseite Druck auf die Tarifverhandlungen mit der Arbeitgeberseite ausüben.

Die bedeutendste Rechtsgrundlage für den Arbeitskampf ist Artikel 9 Absatz 3 Grundgesetz. Dort wird sogar das Wort „Arbeitskampf" erwähnt. Ein Arbeitskampf ist auf Arbeitnehmerseite üblicherweise ein Streik, auf der Arbeitgeberseite üblicherweise die Aussperrung.

Das Recht, einen Arbeitskampf zu führen, ist gesetzlich nicht geregelt. Ein spezielles Arbeitskampfgesetz gibt es nicht. Bis heute hat die höchstrichterliche Rechtsprechung, also das Bundesarbeitsgericht, in vielen Urteilen die Rechtmäßigkeit von Arbeitskämpfen herausgearbeitet.

17.2 Wann ist ein Arbeitskampf rechtmäßig?

Um den Forderungen in Tarifverhandlungen mehr Gewicht zu verleihen, kann ein rechtmäßiger Arbeitskampf geführt werden. Die Rechtmäßigkeit des Arbeitskampfs ist deshalb besonders wichtig, weil ein unrechtmäßiger Arbeitskampf zu hohen Schadensersatzforderungen der Gegenseite von Tarifverhandlungen führen kann.

Zuerst einmal muss das Ziel des Arbeitskampfs rechtmäßig sein. Das Ziel können höhere Löhne und Gehälter, eine geringere Wochenarbeitszeit oder z. B. mehr Urlaubstage sein. Es muss also um übliche Vereinbarungen in Tarifverträgen gehen, nicht aber z. B. um das Durchsetzen politischer Ziele.

In folgenden Fällen ist ein Arbeitskampf beispielsweise rechtswidrig:

- „Wilder Streik" durch einzelne Arbeitnehmer, nicht aber von der Gewerkschaft organisiert und durchgeführt
- Streik, obwohl der Tarifvertrag noch zeitlich andauert und somit eine absolute Friedenspflicht für beide Tarifvertragsparteien besteht
- Rechtswidrigkeit von Arbeitskampfmitteln, z. B. Betriebsbesetzung oder Betriebsblockade bzw. strafbare Handlungen wie Körperverletzung
- „Politischer Streik", um den Staat z. B. zu einer Gesetzesänderung zu bewegen, etwa die gesetzliche Erhöhung der Mindesturlaubstage im Bundesurlaubsgesetz.

Das Bundesarbeitsgericht hat festgestellt, dass allgemeine Grundsätze des Arbeitskampfs zu beachten sind. Nach dem Gebot der Kampfparität sollen den jeweiligen Arbeitskampfparteien, also Gewerkschaft und Arbeitgeberverband, freie, rechtmäßige Arbeitskampfmittel zur Verfügung stehen. Nach dem Gebot der Verhältnismäßigkeit muss der Arbeitskampf zum einen geeignet, zum anderen überhaupt erforderlich sein, damit die bisher in Tarifverhandlungen nicht erreichten Ziele durch diese Art der Druckausübung erreicht werden können.

Letztes Gebot ist das Gebot der fairen Kampfführung, dessen Beachtung für einen rechtmäßigen Arbeitskampf erforderlich ist. Der Gegner des Arbeitskampfs darf in seiner Existenz weder vernichtet, noch schwer beschädigt werden. Unfaire Kampfführung besteht z.B. bei verdeckter Kampfführung auf Arbeitnehmerseite, wenn die Arbeitnehmer ihre Arbeitsleistung bewusst reduzieren oder in anderer Weise den Betriebsablauf beeinträchtigen. Eröffnet die Gewerkschaft den Arbeitskampf, sind die Arbeitnehmer trotz der Arbeitsniederlegung verpflichtet, sogenannte Notstands- und Erhaltungsarbeiten im Betrieb während des Streiks durchzuführen, z.B. beim Streik in Krankenhäusern Notoperationen durchzuführen.

17.3 Welche Arbeitskampfmaßnahmen sind zulässig?

Arbeitskampfmittel der Arbeitnehmer:

- Streik

Der Streik ist das bedeutendste Arbeitskampfmittel der Arbeitnehmer. Wird gestreikt, haben die Arbeitnehmer die Arbeit niedergelegt. Streiken dürfen Arbeitnehmer erst, wenn die Zeit für den alten Tarifvertrag abgelaufen ist. Dann besteht keine Friedenspflicht mehr.

Der Warnstreik ist die mildeste Form des Streiks. Warnstreiks werden von den Gewerkschaften während der Tarifverhandlungen mit den Arbeitgebern organisiert, um einen gewissen Druck auf die Arbeitgeberseite auszuüben.

Scheitern die Tarifverhandlungen zwischen den Tarifparteien und erklärt zumindest die Gewerkschaft als Tarifpartei die Tarifverhandlungen für gescheitert, kann nach einer Urabstimmung in der Arbeitnehmerschaft, ob gestreikt werden soll, bei einem positiven Votum entweder ein Flächenstreik oder ein Schwerpunktstreik organisiert und durchgeführt werden.

- Boykott

Beim Boykott ruft eine Gewerkschaft dazu auf, weder mit dem Arbeitgeber Geschäfte zu machen, noch Arbeitsverträge mit dem Arbeitgeber abzuschließen. Allerdings darf ein solcher Boykott nicht unrechtmäßig sein.

- Abkehr

Die Abkehr ist eine nur theoretische, aber auch rechtmäßige Möglichkeit einer Arbeitskampfmaßnahme.

Sperrt der Arbeitgeber die Arbeitnehmer aus dem Betrieb aus und ruht somit das Arbeitsverhältnis, kann die Gewerkschaft im Namen der vertretenen Arbeitnehmerinnen und Arbeitnehmer kollektiv die fristlose Auflösung der Arbeitsverträge erklären.

Arbeitskampfmaßnahmen der Arbeitgeber

- Aussperrung

Der Arbeitgeber kann die Arbeitnehmer aus dem Betrieb aussperren. Die Aussperrung ist das wichtigste Arbeitskampfmittel der Arbeitgeber. Aussperrung bedeutet, dass die Arbeitnehmer den Betrieb nicht mehr betreten dürfen und der Arbeitgeber die Lohnzahlung einstellen kann. Üblicherweise entscheidet sich der Arbeitgeber für eine Aussperrung, wenn die Arbeitnehmer streiken. Dann handelt es sich um eine sogenannte Abwehraussperrung.

- Betriebsstilllegung

Streiken die Arbeitnehmer, kann der Arbeitsgeber auch den ganzen Betrieb stilllegen. Diese defensive Arbeitskampfmaßnahme des Arbeitgebers führt dazu, dass auch Arbeitnehmer, die arbeitswillig sind oder Arbeitnehmer, die der den Streik organisierenden und durchführenden Gewerkschaft nicht angehören, nicht beschäftigt werden sollen.

- Streikbruchprämie

Der Arbeitgeber kann durch das Versprechen einer Streikbruchprämie versuchen, Arbeitnehmer vom Streik abzuhalten. Eine Streikbruchprämie macht dann Sinn, wenn der Arbeitgeber den von der Gewerkschaft organisierten und durchgeführten Streik brechen will, weil der Betrieb weiter produzieren soll.

18. Mitbestimmung im Betrieb

18.1 Was bedeutet „Mitbestimmung im Betrieb"?

Mitbestimmung im Betrieb bedeutet, dass der Arbeitnehmer vom Arbeitgeber an betrieblichen Entscheidungen zu beteiligen ist, die konkrete Auswirkungen auf den Arbeitnehmer und sein Beschäftigungsumfeld haben. Dieses Recht des Arbeitnehmers auf betriebliche Mitbestimmung ist im Betriebsverfassungsgesetz geregelt. Die betriebliche Mitbestimmung ist eine bedeutende arbeitsrechtliche Errungenschaft für die Arbeitnehmer. Denn der Arbeitgeber darf bedeutende Entscheidungen, insbesondere in sozialen Angelegenheiten nach § 87 Betriebsverfassungsgesetz, nur gemeinsam mit dem Betriebsrat treffen.

Bedeutende Entscheidungen nach § 87 Betriebsverfassungsgesetz können z. B. sein:

- Fragen der Ordnung des Betriebs und des Verhaltens der Arbeitnehmer im Betrieb
- Zeit, Beginn und Ende der täglichen Arbeitszeit einschließlich der Pausen sowie der Verteilung der Arbeitszeit auf die einzelnen Wochentage
- Vorübergehende Verkürzung oder Verlängerung der betriebsüblichen Arbeitszeit
- Zeit, Ort und Art der Auszahlung der Arbeitsentgelte
- Aufstellung allgemeiner Urlaubsgrundsätze und des Urlaubsplans sowie die Festsetzung der zeitlichen Lage des Urlaubs für einzelne Arbeitnehmer, wenn zwischen dem Arbeitgeber und den beteiligten Arbeitnehmern kein Einverständnis besteht etc.

Den Arbeitnehmern stehen auch Mitwirkungsrechte in personellen und wirtschaftlichen Angelegenheiten des Betriebs sowie bei der Gestaltung von Arbeitsplatz, Arbeitsablauf und Arbeitsumgebung zu.

Zu unterscheiden von der betrieblichen Mitbestimmung ist die Mitbestimmung im Unternehmen. Mitbestimmung im Unternehmen bedeutet, dass in großen Unternehmen, etwa Aktiengesellschaften oder Gesellschaften mit beschränkter Haftung, in den Leitungs- und Aufsichtsgremien auch Vertreter der Arbeitnehmer eingebunden sind.

Beispielsweise können Arbeitnehmervertreter als Vorstand für den Bereich Personal oder Arbeitnehmervertreter im Aufsichtsrat angesehen werden.

18.2 Wann und für wen gilt das Betriebsverfassungsgesetz?

Das Betriebsverfassungsrecht ist ein bedeutendes Arbeitnehmerschutzrecht. Es regelt die innerbetriebliche Zusammenarbeit zwischen dem Arbeitgeber und dem Arbeitnehmer. Es enthält bedeutende Mitwirkungsrechte für den Arbeitnehmer.

Im Sinne von §§ 1, 4 Betriebsverfassungsgesetz muss es sich entweder um einen selbständigen Betrieb oder einen selbständigen Betriebsteil in Deutschland handeln. Ausländische Betriebe werden somit vom Betriebsverfassungsgesetz nicht umfasst.

Sachlicher Geltungsbereich

Das Betriebsverfassungsgesetz findet immer dann Anwendung, wenn nach § 1 Absatz 1 Betriebsverfassungsgesetz in Betrieben mindestens ständig fünf wahlberechtigte Arbeitnehmer tätig sind, von denen drei in den Betriebsrat wählbar sind. Als Betrieb wird eine organisatorische Einheit angesehen, in der Arbeitgeber und der oder die Arbeitnehmer vertrauensvoll zusammenarbeiten, um z. B. Produkte herzustellen oder Dienstleistungen zu erbringen.

Keine Anwendung findet das Betriebsverfassungsgesetz nach § 130 auf Verwaltungen und Betriebe des Bundes, der Länder, der Gemeinden etc. Nach § 118 Betriebsverfassungsgesetz findet das Betriebsverfassungsrecht auch keine Anwendung auf Unternehmen und Betriebe, die unmittelbar und überwiegend politischen, koalitionspolitischen, konfessionellen, karitativen, erzieherischen, wissenschaftliche oder künstlerischen Bestimmungen oder Zwecken der Berichterstattung oder Meinungsäußerung dienen. Desweiteren ist es nicht auf Religionsgemeinschaften und ihre karitativen und erzieherischen Einrichtungen anwendbar.

Persönlicher Geltungsbereich

§ 5 Betriebsverfassungsgesetz regelt den persönlichen Geltungsbereich des Betriebsverfassungsrechts. Danach gilt das Betriebsverfassungsrecht für Arbeitnehmer, d.h. Arbeiter und Angestellte einschließlich der zu ihrer Berufsausbildung Beschäftigten, unabhängig davon, ob sie im Betrieb, im Außendienst oder mit Telearbeit beschäftigt werden.

18.3 Welche Rechte hat der Auszubildende nach dem Betriebsverfassungsgesetz?

Wahl des Betriebsrats

§ 7 Betriebsverfassungsgesetz regelt die Wahlberechtigung zum Betriebsrat. Danach sind alle Arbeitnehmer des Betriebs, die das 18. Lebensjahr vollendet haben, wahlberechtigt. Allerdings müssen sie länger als drei Monate im Betrieb tätig sein. Unter dem Begriff „Arbeitnehmer" fallen auch Auszubildende. Somit hat auch der Auszubildende das Recht, den Betriebsrat nach § 7 Betriebsverfassungsgesetz zu wählen. Dasselbe gilt nach § 61 Betriebsverfassungsgesetz für die Wahl der Jugend- und Auszubildendenvertretung, solange der Auszubildende nicht älter als 25 Jahre ist.

Wahl zum Betriebsrat

Dem Auszubildenden wird das betriebsverfassungsrechtliche Recht zuerkannt, den Betriebsrat wählen zu dürfen Somit ist auch die Wählbarkeit in den Betriebsrat, also das passive Wahlrecht, denkbar. Es ist in § 8 Betriebsverfassungsgesetz geregelt. Danach sind alle Wahlberechtigten wählbar, die mindestens sechs Monate dem Betrieb angehören.

18.4 Wann wird eine besondere Interessenvertretung für Auszubildende gewählt?

Besteht in Betrieben ein Betriebsrat, kann dann auch eine Jugend- und Auszubildendenvertretung gewählt werden.

Nach § 60 Betriebsverfassungsgesetz werden in Betrieben, in denen ein Betriebsrat besteht, dann Jugend- und Auszubildendenvertretungen gewählt, wenn dort mindestens fünf Arbeitnehmer beschäftigt sind, die das 18. Lebensjahr noch nicht vollendet haben oder die zu ihrer Berufsausbildung beschäftigt sind und das 25. Lebensjahr noch nicht vollendet haben.

Die Aufgaben der Jugend- und Auszubildendenvertretung ergeben sich aus § 70 Betriebsverfassungsgesetz. Danach soll sie z. B. folgende Maßnahmen für die in § 60 Betriebsverfassungsgesetz genannten Arbeitnehmer beim Betriebsrat beantragen:

- Maßnahmen in Fragen der Berufsbildung und der Übernahme der zu ihrer Berufsausbildung Beschäftigten in ein Arbeitsverhältnis
- Maßnahmen zur Durchsetzung der tatsächlichen Gleichstellung
- Maßnahmen, die die Integration ausländischer Auszubildender fördern

Des Weiteren soll die Jugend- und Auszubildendenvertretung darüber wachen, dass die geltenden Gesetze, Verordnungen, Unfallverhütungsvorschriften, Tarifverträge und Betriebsvereinbarungen durchgeführt werden.

19. Gerichtsbarkeit

19.1 Welches Gericht ist zuständig beim Rechtsstreit zwischen Ausbilder und Auszubildendem?

Die Gerichtsbarkeit in Arbeitssachen wird durch die Arbeitsgerichte ausgeübt. Erste Instanz ist das Arbeitsgericht, zweite Instanz das Landesarbeitsgericht und letzte Instanz das Bundesarbeitsgericht. Nach § 2 Absatz 1 Nummer 3 sind die Gerichte für Arbeitssachen ausschließlich zuständig für bürgerliche Rechtsstreitigkeiten zwischen Arbeitgebern und Arbeitnehmern aus dem Arbeitsverhältnis und über das Bestehen oder Nichtbestehen eines Arbeitsverhältnisses.

Des Weiteren besteht die Zuständigkeit bei Verhandlungen über die Eingehung eines Arbeitsverhältnisses und aus dessen Nachwirkungen, aus unerlaubten Handlungen, soweit diese mit dem Arbeitsverhältnis in Zusammenhang stehen, sowie über Arbeitspapiere. Arbeitnehmer im Sinne des Arbeitsgerichtsgesetzes sind nach § 5 Absatz 1 Arbeitsgerichtsgesetz Arbeiter und Angestellte sowie die zu Berufsausbildung Beschäftigten.

Örtlich zuständig ist das Arbeitsgericht im Bezirk oder Ort, an dem der Beklagte, ob Ausbilder oder Auszubildender, seinen Wohnsitz oder Geschäftssitz haben. Ist das angerufene Gericht entweder sachlich oder örtlich nicht zuständig, findet eine Verweisung an das zuständige Gericht statt.

19.2 Soll der Auszubildende bei einer Klage einen Rechtsanwalt beauftragen?

Antwort des Autors dieses Buches: ein klares Ja!

Die meisten Auszubildenden sind verständlicherweise juristische Laien. Sie können nicht abschätzen, welche Komplexität bei einem Rechtsstreit über ein Berufsausbildungsverhältnis besteht. Vor diesem Hintergrund ist es sinnvoll, dass anwaltliche Hilfe in Anspruch genommen wird.

Aus Sicht des Autors dieses Buches ist es zielführend, einen Rechtsanwalt zu beauftragen, der gleichzeitig Fachanwalt für Arbeitsrecht ist. Dieser kennt sich mit der Materie „Arbeitsrecht" aus, unter die auch grundsätzlich das Berufsausbildungsverhältnis fällt.

Vorher sollten sowohl der Auszubildende, der mit Entscheidungen seines Ausbilders nicht einverstanden ist, als auch der Ausbilder, der beabsichtigt, einen Rechtsstreit gegenüber dem Auszubildenden zu führen, überlegen, ob ein solcher Rechtsstreit überhaupt sinnvoll ist. Entscheidend sind zum einen sicherlich der Grund des Rechtsstreits sowie andererseits die Aussicht auf Erfolg.

20. Muster eines Berufsausbildungsvertrags

Der Autor dieses Buches empfiehlt vor Unterzeichnung eines Berufsausbildungsvertrags einen Blick in die Empfehlung des Bundesausschusses für Berufsbildung vom 18. Juli 2005 für die Niederschrift des wesentlichen Inhalts eines Berufsausbildungsvertrages nebst Merkblatt.

Im Internet ist der Mustervertrag auffindbar unter:

➔ www.wissen-kompakt.eu/Ausbildungsvertrag

2 Seite

Ausbildungsvertragsmuster

- Hauptausschuss des Bundesinstituts für Berufsbildung beschließt Empfehlung -

Der Hauptausschuss des Bundesinstituts für Berufsbildung (BIBB) hat folgende Empfehlung verabschiedet, die die Empfehlung des Bundesausschusses für Berufsbildung vom 9. Juni 1971 zum Berufsausbildungsvertrag und die Empfehlung des Bundesausschusses für Berufsbildung vom 24. August 1971 -Merkblatt zum Berufsausbildungsvertrag- ersetzt:

Die Novellierung des Berufsbildungsgesetzes mit Wirkung zum 1. April 2005 erfordert die grundlegende Überarbeitung und Aktualisierung des „Musters eines Berufsausbildungsvertrages" sowie des dazugehörigen „Merkblattes zum Muster eines Berufsausbildungsvertrages", die jeweils auf Beschlüssen des ehemaligen Bundesausschusses für Berufsbildung aus dem Jahr 1971 beruhen.
Der Hauptausschuss des Bundesinstituts für Berufsbildung empfiehlt den Vertragspartnern eines Berufsausbildungsverhältnisses, das anliegende Ausbildungsvertragsmuster sowie das erläuternde Merkblatt dem Vertragsverhältnis zugrunde zu legen.

Ausbildungsvertragsmuster und Merkblatt

Berufsausbildungsvertrag
(§§ 10, 11 Berufsbildungsgesetz – BBiG)

Zwischen

....

....

(Name und Anschrift des Ausbildenden (Ausbildungsbetriebs))[1]

und

....

....

(Name und Anschrift der/des Auszubildenden)

geb. am

....

gesetzlich vertreten durch[2]

....

[1] Zur Erfüllung der vertraglichen Verpflichtungen der Ausbildenden können mehrere natürliche oder juristische Personen in einem Ausbildungsverbund zusammenwirken, soweit die Verantwortlichkeit für die einzelnen Ausbildungsabschnitte sowie für die Ausbildungszeit insgesamt sichergestellt ist (Verbundausbildung, § 10 Abs. 5 BBiG)

[2] Vertretungsberechtigt sind beide Eltern gemeinsam, soweit nicht die Vertretungsberechtigung nur einem Elternteil zusteht. Ist ein Vormund bestellt, so bedarf dieser zum Abschluss des Ausbildungsvertrages der Genehmigung des Vormundschaftsgerichtes.

Stichwortverzeichnis

A

B

D/E

F/G

H

I/K

L/M

N/P

S

T/U

V/Z